CAMPEÕES QUE INSPIRAM

30 JOGADORES DE BASQUETE QUE FIZERAM HISTÓRIA

Danila Sorrentino,
Tommaso Trevisani e
Stefano Frigerio
Ilustração: Elisa Bellotti

Todolivro

ESTADOS UNIDOS

MICHAEL JORDAN

O CAMPEÃO INCONTESTÁVEL

NOME:
Michael Jeffrey Jordan

APELIDOS:
MJ, Air Jordan (Jordan do Ar), His Airness (Sua Alteza Aérea)

DATA DE NASCIMENTO:
17 de fevereiro de 1963

LOCAL DE NASCIMENTO:
Brooklyn, EUA

TIMES:
Chicago Bulls, Washington Wizards

POSIÇÃO:
Ala-armador

Nunca havia imaginado me ver em um tênis. Bom, na verdade, é minha silhueta, voando em direção à cesta com a bola firmemente nas mãos. E não estou falando de qualquer um, estou falando de um par de tênis da Nike! A primeira vez que os usei na quadra, senti uma onda de energia. Eu me sentia mais rápido, mais alto, mais forte. Usei esses tênis em alguns dos jogos mais importantes da minha carreira. Como, por exemplo, em 14 de junho de 1998, no Delta Center, em Salt Lake City, Utah. As Finais. Utah Jazz contra Chicago Bulls. Meus "touros", estavam liderando a série por 3x2, a apenas um passo de conquistar nosso sexto título em oito anos, o segundo Three-Peat (tricampeonato consecutivo) depois do de '91 a '93. As coisas estavam indo bem, mas não perfeitamente. O Jazz estava atacando com calma, até que eu entro pela linha de fundo, toco a bola e a derrubo no chão, recuperando a posse. 19 segundos restantes no cronômetro. Corro para o outro lado da quadra, escolho o lado esquerdo, enquanto meus companheiros deixam a faixa central completamente livre. Corro em direção à linha de lance livre e ataco Bryon Russell, desequilibrando-o com um drible falso para a direita. Então, mudo para minha mão esquerda e salto para o arremesso de seis metros. Nada além de rede! 87x86 para Chicago com 5 segundos restantes no cronômetro. Inacreditável, pessoal!

BULLS
23
JAZZ
32

JORDAN

Fenômeno absoluto!

1 Ainda falta um pouco

Quando tentou entrar no time do colégio, Jordan tinha apenas 1,75 metro de altura e foi rejeitado. Mas ele não desistiu e treinou o verão inteiro. Quando voltou à escola, tinha agora 1,90 m! Ele acabou chamando a atenção de todos os profissionais... e o resto é história!

2 Começando com o pé direito

Em 1984, ele assinou um contrato com o Chicago Bulls que instantaneamente o tornou um dos jogadores mais bem pagos do time. Estamos falando de 6 milhões de dólares ao longo de 7 anos; uma quantia considerável naquela época!

3 Recordes inigualáveis

Ele ainda é o único jogador com uma média de 30,12 pontos por jogo ao longo de sua carreira. Além disso, é o único a ter sido eleito MVP (*Most Valuable Player* – Melhor Jogador) da temporada regular, das Finais e do All-Star Game duas vezes, tudo no mesmo ano!

4 Mais que apenas pontos

Além de sua incrível capacidade de pontuar, é importante lembrar de sua habilidade nos lances livres, seu entendimento tático do jogo, suas habilidades de rebote e passe, mas acima de tudo, sua fome insaciável de vitória e seu espírito competitivo feroz.

5 Trabalho em equipe

MJ também é considerado um dos melhores defensores da NBA, agressivo e implacável; ele e Scottie Pippen, seu companheiro de equipe no Bulls, eram simplesmente imparáveis!

4 REBOTES PARA O SUCESSO

ATLETA... E ATOR!

Em 1996, ele estrelou o filme *Space Jam*, atuando ao lado de Pernalonga e muitos outros personagens da série *Looney Tunes*.

UMA FOTO QUE FEZ HISTÓRIA

Em 1984, a revista *Life* tirou uma foto dele realizando uma enterrada espetacular. Essa imagem foi transformada em um logotipo pela *Nike* e acabou estampada nos icônicos tênis *Air Jordan*, tornando Michael uma verdadeira lenda.

EU SEMPRE VOLTO PARA VOCÊ

Em 1993, Jordan se aposentou pela primeira vez para seguir uma carreira no beisebol. Ele retornou ao basquete e se aposentou pela segunda vez em 1999. Mas seu amor pelo jogo era tão forte que voltou em 2001, finalmente se aposentando de vez em 2003.

TALENTO DIVINO!

Durante os playoffs de 1986 contra o Boston Celtics, ele marcou impressionantes 63 pontos em um único jogo! Seu oponente Larry Bird o elogiou dizendo: "*Era Deus disfarçado de Michael Jordan*".

CARACTERÍSTICAS DE UM CAMPEÃO

ELE NÃO DEIXA NADA PARA OS OUTROS!

Suas conquistas pessoais incluem: 6 prêmios de MVP das Finais da NBA, 5 prêmios de MVP da temporada regular, 10 títulos de cestinha da NBA, 3 prêmios de MVP do All-Star Game, 1 prêmio de Jogador Defensivo do Ano, 10 seleções para o Primeiro Time da NBA, 9 seleções para o Primeiro Time de Defesa da NBA, e 14 participações no NBA All-Star Game. Ele venceu 6 campeonatos, todos com o Bulls.

RESPEITADO POR TODOS

Quando corria para a cesta e enterrava, realizando um de seus saltos extraordinários, toda a arena aplaudia... sim, até os torcedores do time adversário!

KOBE BRYANT

ÁGIL E PRECISO

NOME:
Kobe Bean Bryant

APELIDO:
The Black Mamba (Mamba Negra)

DATA DE NASCIMENTO - FALECIMENTO:
23 de agosto de 1978 - 26 de janeiro de 2020

LOCAL DE NASCIMENTO:
Filadélfia, EUA

TIME:
L.A. Lakers

POSIÇÃO:
ala-armador

"*Já presenciei muitos jogos na minha carreira, mas nunca vi nada como isso*".

Foi o que o técnico Phil Jackson me disse após o jogo, colocando uma mão no meu ombro. Naquela época, eu ainda vestia a camisa roxa e dourada com o número 88. Ahhh, bons tempos! Aquela noite, 22 de janeiro de 2006, ficará comigo para sempre... porque fizemos história. Estávamos jogando contra o Toronto Raptors, no Staples Center, em Los Angeles. As coisas não estavam saindo como planejado: apesar dos meus esforços e da dedicação do time, os canadenses não recuavam. Então, decidi assumir o controle: comecei marcando 16 pontos seguidos, antes de cometer uma falta ofensiva que interrompeu o ritmo. O treinador nos instruiu a não dar tempo para os adversários respirarem, para que eles não pudessem fazer dupla marcação na defesa. E então comecei a acertar lance livre após lance livre; eu havia marcado 81 pontos! É difícil explicar o que aconteceu. Eu estaria mentindo se dissesse que planejei fazer algo assim. Acho que foi simplesmente uma daquelas noites mágicas!

1 Infância na Itália

Assim como seu pai, Joe Bryant, que também foi um jogador lendário, Kobe começou sua notável carreira na Itália, passando por cidades como Rieti, Reggio Calabria, Pistoia e Reggio Emilia.

2 Nada pode pará-lo!

Em 2013, ele sofreu uma grave lesão no tendão de Aquiles durante um jogo, mas voltou imediatamente à quadra para continuar marcando pontos.

3 Nunca será esquecido

No final de sua carreira, o Lakers aposentou os dois números de sua camisa, 8 e 24. Ele é o único jogador a ter recebido essa homenagem.

4 REBOTES PARA O SUCESSO

DUELO DE GIGANTES

Kobe encontrou seu ídolo, Michael Jordan, em 1998, quando os dois se enfrentaram no All-Star Game em Nova York. Com o tempo, eles construíram um relacionamento marcado pelo respeito mútuo e pela competição intensa.

EU GOSTO DE CORRER RISCOS!

Em 2006, a NBA introduziu a regra *One and Done* (Um e Pronto), que exige que os jogadores passem pelo menos um ano fora do ensino médio e tenham 19 anos de idade para serem elegíveis no draft.

LEALDADE RECOMPENSADA

Kobe passou toda a sua carreira jogando pelo Los Angeles Lakers. Com seu time amado, ele conquistou 5 campeonatos da NBA, em 2000, 2001, 2002, 2009 e 2010.

UMA ESTRELA EM ASCENSÃO

Kobe foi escolhido para o All-Star Game 18 vezes, sendo MVP do evento (em 2002, 2007, 2009 e 2011). Ele também se tornou o jogador mais jovem a participar de um All-Star Game, com apenas 19 anos!

ESTADOS UNIDOS

LeBron James

Pontuador épico

NOME:
LeBron Raymone James Sr.

APELIDOS:
LBJ, King James (Rei James), The Chosen One (O Escolhido)

DATA DE NASCIMENTO:
30 de dezembro de 1984

LOCAL DE NASCIMENTO:
Akron, EUA

TIMES:
Cleveland Cavaliers, Miami Heat, L.A. Lakers

POSIÇÕES:
armador, ala, ala-pivô, pivô, ala-armador

"*Cleveland, esta é para vocês!*" Minhas palavras saem como um grito, e não consigo segurar as lágrimas de alegria! Sim! Eu consegui! Eu havia prometido ao meu time, que é como minha casa, que venceríamos... e aqui estamos! Não foi fácil, mas logo percebi que, para alcançar a vitória, não podíamos cometer erros. No início do último quarto, estávamos atrás por um ponto, 76x75. O Warriors continuava pontuando com seu incrível trio: Curry, Thompson e Green. Mas eu sou LeBron James e não me intimido tão facilmente. 87x83, com 5 minutos e 38 segundos restantes no cronômetro. Eu queria vencer pela minha cidade a todo custo. Então, marquei seis pontos consecutivos, nos colocando de volta na liderança, 89x87. Klay Thompson empatou rapidamente, mas o placar permaneceu 89x89 até que Kyrie Irving acertou um triplo crucial faltando 53 segundos. Os momentos finais foram de tirar o fôlego. Curry errou um arremesso decisivo, e então fui enviado para a linha de lance livre para dois arremessos. Quando acertei o segundo, estávamos à frente por 93x89, com 10 segundos no cronômetro. O Warriors não teve mais tempo nem energia para virar o jogo... a história havia sido feita!

LAKERS
6

James

Fenômeno absoluto!

1 Jovem líder

Na St. Vincent-St. Mary High School, LeBron James teve um desempenho extraordinário, levando sua equipe à vitória no campeonato estadual de Ohio em 2000, 2001 e 2002.

2 O bloqueio

Sua jogada mais famosa nas finais entre o Cleveland Cavaliers e o Golden State Warriors é conhecida como *The Block*, um bloqueio devastador na tabela contra uma tentativa de enterrada de Iguodala!

3 Por um futuro melhor

Graças à colaboração entre sua fundação de caridade e sua cidade natal, LeBron abriu uma escola primária para crianças em situação de risco, com o objetivo de guiá-las nos estudos até a idade adulta. Os alunos também recebem bicicletas para ir à escola.

4 Números astronômicos

Seu primeiro contrato com a Nike, em 2003, assinado logo após ser selecionado no draft, valia quase 90 milhões de dólares! Graças à sua incrível carreira e aos acordos de patrocínio, LeBron é agora um dos jogadores de basquete mais ricos do mundo.

5 Uma não é suficiente!

Aos 13 anos, durante um amistoso entre alunos e professores, ele recebeu a bola em um contra-ataque e fez uma enterrada com as duas mãos, deixando todos impressionados!

CARACTERÍSTICAS DE UM CAMPEÃO

ÚNICO EM SUA CATEGORIA

LeBron tem o maior número de aparições consecutivas no All-Star Game (20), o único jogador na história da NBA a marcar pelo menos 7.000 pontos (com 3 equipes diferentes) na temporada regular e o único a manter uma média de pelo menos 25 pontos por jogo durante 20 temporadas consecutivas.

UM RECORDE ATRÁS DO OUTRO!

LeBron é o maior pontuador da história da NBA, com mais de 40.000 pontos. Ele ganhou 3 medalhas de ouro olímpicas, além de se destacar na categoria *triple-double* (quando um jogador atinge pelo menos dez pontos em três categorias estatísticas diferentes em um único jogo).

4 REBOTES PARA O SUCESSO

MAIS DO QUE APENAS BASQUETE

LeBron é um grande fã de futebol, beisebol e futebol americano. Em 2011, ele até se tornou coproprietário de um grande clube de futebol inglês, o Liverpool.

EU POSSO FAZER TUDO!

Com seu físico forte, velocidade impressionante, habilidades excepcionais de passe e drible, além de uma excelente visão de jogo, LeBron é um dos poucos jogadores capazes de atuar em todas as cinco posições na quadra.

O TALENTO É HEREDITÁRIO

O filho de LeBron, Bronny, é uma estrela em ascensão no basquete. Em 2024, ele foi selecionado pelo Lakers, o mesmo time de LeBron, como a 55ª escolha no draft. Foi a primeira vez na história da NBA que pai e filho jogaram juntos.

O MELHOR DOS MELHORES

LeBron é o único, junto com Karl Malone, a ser escolhido 11 vezes consecutivas para o Primeiro Time da All-NBA, uma honra anual da NBA que reconhece os melhores jogadores da temporada.

ESPANHA

Pau Gasol

O pivô equilibrado

NOME:
Pau Gasol Sáez

APELIDOS:
Pablo, The Spaniard (O Espanhol)

DATA DE NASCIMENTO:
06 de julho de 1980

LOCAL DE NASCIMENTO:
Barcelona, Espanha

TIMES:
Lakers, Chicago Bulls, San Antonio Spurs, Milwaukee Bucks

POSIÇÕES:
Ala-pivô, pivô

Kobe e eu nos olhamos. Sabíamos que aquele seria um dos jogos mais importantes de nossas vidas. Jogo 7 das Finais da NBA, 2010. Estávamos enfrentando o Boston Celtics, com Kevin Garnett, Kendrick Perkins e Paul Pierce, todos conhecidos por sua força física e defesa implacável. Quando peguei um rebote ofensivo, marquei e ainda sofri a falta de Garnett, soube que venceríamos. O jogo terminou 83x79 para nós e, quando o cronômetro zerou, corremos um para o outro gritando de alegria. Procurei Kobe na multidão, e nos abraçamos. Não era apenas uma comemoração pelo campeonato que havíamos conquistado, mas também pela amizade e por alguém que sempre me incentivou a dar o meu melhor.

1 Mamba no coração

Quando Pau teve uma filha após a morte de Kobe, ele a chamou de Elisabet Gianna, em memória da filha que faleceu com ele. A madrinha de Elisabet é Vanessa Bryant, viúva de Kobe.

2 Uma decisão difícil

Quando Magic Johnson revelou sua doença, Pau decidiu se matricular na Universidade de Barcelona, sonhando em encontrar uma cura. No entanto, após um ano, ele deixou a faculdade de medicina para se concentrar em sua carreira no basquete.

3 Modelo a seguir

Em 2002, ele ganhou o prêmio de Novato do Ano com o Memphis Grizzlies. Ele foi o primeiro jogador europeu a receber essa honraria na NBA, abrindo caminho para outros.

4 REBOTES PARA O SUCESSO

FILOSOFIA DE VIDA

"É bom trabalhar, ser produtivo, desafiar a si mesmo. Mas também é importante ter equilíbrio, priorizar o que realmente importa." Um professor dentro e fora das quadras!

SEMPRE NO TOPO

Pau conquistou 2 títulos da NBA, participou de 6 All-Star Games, conquistou o ouro no EuroBasket 3 vezes (sendo eleito MVP duas vezes) e uma vez na Copa do Mundo FIBA (Federação Internacional de Basquetebol), onde também foi eleito MVP. Ele conquistou a medalha de prata olímpica 2 vezes, em 2008 e 2012.

A MISSÃO GASOL

Junto com seu irmão Marc Gasol, também jogador de basquete, Pau fundou a Fundação Gasol, com o objetivo de promover um estilo de vida saudável entre as famílias e combater a obesidade infantil.

JOGADOR COMPLETO

Em sua carreira, Pau acumulou mais de 20.000 pontos, 3.500 assistências, 10.000 rebotes e 1.500 bloqueios. Ele é um atleta completo, forte tanto no ataque quanto na defesa.

KEVIN DURANT

ELEGÂNCIA PURA

NOME:
Kevin Wayne Durant

APELIDO:
KD

DATA DE NASCIMENTO:
29 de setembro de 1988

LOCAL DE NASCIMENTO:
Washington D.C., EUA

TIMES:
Seattle S.Sonics, Oklahoma Thunder, G. S. Warriors, Brooklyn Nets; Phoenix Suns

POSIÇÕES:
ala-pivô, ala

Tive o privilégio de ser um dos jogadores-chave nas últimas quatro finais olímpicas, levando para casa todas as quatro medalhas de ouro. Em 2012, marquei 30 pontos contra a Espanha, seguido de outros 30 pontos contra a Sérvia em 2016. Em 2020, fiz 29 pontos na vitória sobre a França, e em 2024, marquei 23 pontos contra a França novamente. No entanto, as pessoas tendem a esquecer minha performance extraordinária na Copa do Mundo de 2010, onde liderei o time dos EUA à vitória. Eu sabia que aquele dia seria diferente, especial. No intervalo, já havia marcado 20 pontos. No terceiro quarto, acelerei o ritmo, nos dando uma vantagem de 13 pontos. Nada conseguia me impedir, eu era simplesmente invencível. Você acredita que fiz 7 arremessos de três pontos? Mas nosso sucesso foi, principalmente, resultado de um trabalho em equipe incrível ao lado de Lamar Odom, Derrick Rose, Russell Westbrook e Andre Iguodala. E juntos, trouxemos o título para o nosso país pela primeira vez desde 1994!

USA
7

DURANT

Fenômeno absoluto!

1 Um diploma... em enterradas!

Em 2015, Kevin Durant publicou uma foto nas redes sociais de um diploma de Direito supostamente emitido pela Seat Pleasant University. Pena que essa universidade não existe! A única lei que ele impõe é na quadra.

2 Os anos dourados

Em 2017 e 2018, ele se tornou campeão da NBA com o mesmo time, o Golden State Warriors, sendo eleito MVP das Finais em ambos os anos.

3 Um grande salto

Durante sua temporada universitária com o Texas Longhorns (2006-2007), ele ganhou o prêmio de Jogador Nacional do Ano, graças à sua média incrível de 25,8 pontos, 11,1 rebotes por jogo e impressionantes 67 bloqueios. Em 2007, ele foi selecionado como a segunda escolha geral no draft da NBA!

4 Nenhum arremesso perdido!

Em 2010, 2011, 2012 e 2014, Kevin foi eleito o Cestinha da NBA.
Durante a temporada 2013-14 com o Oklahoma City Thunder, ele teve uma média impressionante de 32 pontos por jogo!

5 O clube exclusivo

Com apenas 24 anos, ele se tornou o membro mais jovem do Clube 50-40-90, juntando-se a lendas como Larry Bird e Dirk Nowitzki. Esse clube inclui jogadores que, em uma única temporada, acertaram mais de 50% dos arremessos de quadra, mais de 40% dos arremessos de três pontos e mais de 90% dos lances livres. Ele repetiu o feito em 2023.

CARACTERÍSTICAS DE UM CAMPEÃO

DUAS FACES DE UM TALENTO ÚNICO

Durant é um ala incrivelmente versátil, famoso por suas habilidades ofensivas extraordinárias. Seus movimentos são elegantes e fluidos. Ao longo dos anos, ele também refinou sua defesa, tornando-se um bloqueador formidável.

ÀS VEZES VOCÊ TEM QUE... SE AFASTAR!

Uma de suas principais armas é o *fadeaway*, um arremesso em que o jogador se inclina levemente para trás, criando espaço entre ele e o defensor. Esse arremesso requer grande equilíbrio e técnica. O *fadeaway* de Dirk Nowitzki se tornou icônico e Durant se inspirou nele.

4 REBOTES PARA O SUCESSO

INVISÍVEL... MAS EM SEU CORAÇÃO

Durant tem um total de 15 tatuagens. Quando ele joga, o uniforme cobre quase todas. Entre elas, destacam-se dois nomes tatuados em seu peito: o de sua avó Barbara e o de sua mãe Wanda.

DURANT, DURANTE... DURANTULA!

Inicialmente, seu apelido era *Durantula*, devido à sua figura esguia e agilidade na quadra. No entanto, ele teve que abandonar o apelido porque já era uma marca registrada de um músico chamado... Mark Durante.

QUEM SE ATREVE A DESAFIÁ-LO?

Durant é um grande fã de videogames, especialmente da série *NBA 2K*. Ele até foi capa da edição de 2015. De vez em quando, ele participa de sessões e torneios online!

UMA ARMA À MODA ANTIGA!

Durant é conhecido por sua habilidade em arremessos de média distância, uma técnica frequentemente ignorada pelos jogadores modernos, que preferem os arremessos de três pontos. Graças à sua precisão e à alta elevação do arremesso, esse lance representa um grande desafio para os adversários.

ALEMANHA

Dirk Nowitzki

Gênio criativo

NOME:
Dirk Werner Nowitzki

APELIDO:
German Wunderkind (Criança prodígio alemã)

DATA DE NASCIMENTO:
19 de junho de 1978

LOCAL DE NASCIMENTO:
Würzburg, Alemanha

TIMES:
DJK Würzburg, Dallas Mavericks

POSIÇÃO:
Ala-pivô

Eu só queria duas coisas: ser eficiente na quadra e causar impacto. E isso exigiria muito treino, trabalho duro e determinação. Um dia, enquanto praticava, percebi que inclinava meu corpo para trás ao arremessar. Funcionou brilhantemente! No jogo seguinte, decidi testar. Estiquei meu braço ao máximo, garantindo uma visão clara da cesta. Ao arremessar, inclinei todo o corpo para trás, me equilibrando em uma perna, o que me afastou ainda mais do defensor, tornando quase impossível que ele bloqueasse meu arremesso. E é assim que se faz! Eles até deram um nome para essa técnica: *one-legged fadeaway* (arremesso *fadeaway* de uma perna). Ao longo dos anos, muitos tentaram copiá-la, mas a minha é a original!

1 Uma paixão por esportes!

Dirk Nowitzki herdou seu amor pelos esportes de sua família: seu pai era jogador de handebol, sua mãe jogadora de basquete e sua irmã foi campeã local em atletismo, além de, mais tarde, também entrar para o mundo do basquete.

2 Disputado pelos melhores

Quando jovem, suas performances impressionantes, como os 33 pontos marcados em um jogo no Nike Hoop Summit, chamaram a atenção de todos. O Boston Celtics planejava selecioná-lo no draft, mas ele foi escolhido pelo Milwaukee Bucks e trocado para o Dallas Mavericks por dois jogadores. Ficou evidente quem saiu perdendo!

3 Tente bloquear isso!

Com 2,13 metros de altura, Nowitzki tinha uma vantagem natural nos arremessos. Sua habilidade de soltar a bola de um ponto tão alto o tornava praticamente impossível de ser bloqueado!

4 rebotes para o sucesso

O colecionador

Dirk entrou para o Clube 50-40-90 em 2007, conquistou um título da NBA em 2011 (sendo eleito MVP das Finais), foi selecionado para o All-Star Game 14 vezes e fez parte do Primeiro Time da All-NBA 4 vezes.

Cara, quem é você?

Com menos de 20 anos, durante o Nike Hoop Heroes Tour, Nowitzki jogou contra o grande Charles Barkley, que ficou tão impressionado que disse: "*Esse garoto é um gênio. Se quiser entrar na NBA, ele pode me ligar.*"

Você é o único

Nowitzki é o único jogador na história da NBA a ter jogado por um único time, o Dallas Mavericks, por 21 temporadas (de 1998 a 2019)!

De um continente para outro

O primeiro jogador europeu a ser eleito MVP, Dirk se tornou o jogador estrangeiro com mais pontos na história da NBA e o sexto maior pontuador de todos os tempos.

★★☆

ESTADOS UNIDOS

Karl Malone

O trem desgovernado

NOME:
Karl Anthony Malone

APELIDO:
The Mailman (Carteiro)

DATA DE NASCIMENTO:
24 de julho de 1963

LOCAL DE NASCIMENTO:
Summerfield, EUA

TIMES:
Utah Jazz, L.A. Lakers

POSIÇÃO:
ala-pivô

Depois de descobrir que Isiah Thomas havia sido deixado de fora do Dream Team, o Detroit Pistons, seu time, conhecido por todos como os Bad Boys, chegaram ao Salt Palace, em Utah. Era 14 de dezembro de 1991, e a tensão era palpável desde o aquecimento. Isiah, com sua determinação habitual e o desejo de provar seu valor depois de ficar de fora de um dos eventos mais prestigiados do basquete, começou o jogo marcando seis pontos rápidos. Ficou claro que detê-lo não seria fácil. Perto do final do primeiro quarto, enquanto ele avançava em direção à cesta, me vi em uma encruzilhada. Eu sentia uma forte necessidade de defender minha equipe com cada gota de energia que eu tinha. Com um movimento instintivo, consegui interromper sua investida, mas acabei colidindo com ele de forma violenta. Isiah foi forçado a sair da quadra para receber atendimento médico, e eu fui expulso! Depois, me perguntaram se eu havia agido intencionalmente. Respondi com honestidade: "*Eu queria acertá-lo, mas não com tanta força.*" Não dá para planejar tudo dentro de quadra. Anos depois, liguei para ele para me desculpar, e resolvemos as coisas. O que é certo é que todo jogo contra os Pistons, e contra Isiah em particular, parecia uma batalha entre gigantes, onde o respeito mútuo nascia da competitividade.

Jazz
32

MALONE

Fenômeno absoluto

1 No Top 3

Com 36.928 pontos, Karl Malone está entre os três maiores pontuadores da história da NBA, logo atrás de LeBron James e Kareem Abdul-Jabbar. Ele também foi o jogador mais velho (na idade "madura" de 36 anos) a receber o prêmio de MVP da temporada regular!

2 Isso sim é dedicação!

Malone treinava intensamente por horas, levantando 200 kg em pesos e usando dois pequenos paraquedas presos à cintura para treinar corridas contra o vento. Tudo isso para melhorar sua resistência física.

3 Seu movimento característico

O *pick and roll*, uma jogada de dois jogadores em que um pivô, como Malone, realiza um bloqueio (*screen*) para criar espaço para o condutor da bola. Em seguida, ele se desloca rapidamente em direção à cesta para receber o passe e finalizar o arremesso.

4 Sempre entregando!

O apelido que o tornou imortal, *Mailman* (Carteiro), foi dado a ele por causa da incrível facilidade com que ele "entregava" a bola direto na cesta!

5 Uma história de triunfos

Malone foi eleito MVP em 1997 e 1999, participou do NBA All-Star Game 14 vezes (sendo MVP em 2 delas), fez parte do lendário Dream Team, ganhando ouro olímpico em 1992 e 1996, e foi escolhido para o Primeiro Time da All-NBA 11 vezes consecutivas!

CARACTERÍSTICAS DE UM CAMPEÃO

EU PEGO TODAS!

Com sua força física extraordinária, ele era um mestre do jogo de poste baixo e um arremessador excepcional de média distância. Além disso, era um incansável rebatedor defensivo, ocupando o terceiro lugar geral. Na linha de lance livre, ele ostentava uma taxa de acerto de 74%.

UMA PARCERIA PERFEITA

Malone e o armador do Utah Jazz, John Stockton, formaram uma dupla incrível. Por quase duas décadas, com uma química natural, eles aperfeiçoaram uma estratégia vencedora: Stockton criava oportunidades, e Malone as transformava em pontos. Seus lendários *pick and rolls* tornaram-se emblemáticos.

4 REBOTES PARA O SUCESSO

MALONE X JORDAN

A rivalidade entre os dois vem das famosas Finais de 1997 e 1998. Em ambas as ocasiões, o Jazz de Malone foi derrotado pelos imparáveis Bulls de Jordan.

A FORÇA DAS RAÍZES

Nascido em uma família pobre na Louisiana, Malone frequentemente trabalhava na fazenda para ajudar sua mãe: cortava lenha, pescava e caçava. O trabalho árduo contribuiu para sua excelente condição física, que ele manteve ao longo dos anos.

O REI DO JAZZ

Malone é o maior reboteiro da história do Utah Jazz, com 14.601 rebotes. Além disso, ele é o maior pontuador da franquia, com 36.374 pontos.

SIGA O SEU CORAÇÃO

O técnico Eddie Sutton, da Universidade do Arkansas, fez de tudo para recrutá-lo, mas Malone escolheu a Louisiana Tech University porque ficava mais perto de casa.

Magic Johnson

Um espetáculo em pessoa

NOME:
Earvin Johnson Jr.

APELIDO:
Magic, Young Buck (Jovem Promissor)

DATA DE NASCIMENTO:
14 de agosto de 1959

LOCAL DE NASCIMENTO:
Lansing, EUA

TIMES:
L.A. Lakers, Borås Basket

POSIÇÕES:
armador, ala-pivô, ala-armador

Acabo de descobrir que Kareem Abdul-Jabbar, o incrível pivô do meu time, o Lakers, não poderá jogar no importante Jogo 6 contra o Philadelphia 76ers. Agora, cabe a mim, um novato e ala-armador, assumir seu lugar. Não estou com medo; sei que esta é a minha oportunidade de mostrar do que sou capaz. Então, movo a bola, marco pontos, pego rebotes, defendo e controlo o ritmo do jogo. Estou literalmente em todos os lugares, o tempo todo. Fico na quadra por 47 dos 48 minutos, jogando em quase todas as posições. Termino o jogo com 42 pontos, 15 rebotes, 7 assistências e 3 roubos de bola. Vencemos o título por 123 a 107! Mas isso não é tudo: sou eleito MVP das Finais, o único novato da história a conquistar esse título. Uma noite lendária!

1 Que comece a magia!

No ensino médio, Magic Johnson registrou um incrível triplo-duplo com 36 pontos, 18 rebotes e 16 assistências. Foi um jornalista esportivo que sugeriu o apelido que se tornaria icônico: "*Que tal Magic?*"

2 Está faltando algo?

Ele conquistou 5 títulos da NBA, foi eleito 3 vezes MVP das Finais e da temporada regular, participou de 12 NBA All-Star Games (vencendo o prêmio de MVP em 2 deles), foi selecionado 9 vezes para o Primeiro Time da All-NBA e, além disso, conquistou a medalha de ouro olímpica com o Dream Team em 1992.

3 Retorno espetacular

Após se aposentar em 1991 por razões de saúde, ele voltou às quadras em 1992 apenas para as Olimpíadas e novamente em 1996. Contra o Golden State Warriors, marcou 25 pontos, distribuiu 9 assistências, pegou 5 rebotes e fez 2 roubos de bola!

4 REBOTES PARA O SUCESSO

DE PAI PARA FILHO

Magic herdou seu amor pelo basquete de seu pai, um operário e entusiasta do esporte, que lhe ensinou tanto os fundamentos quanto técnicas avançadas, como o *pick and roll* e o *hook shot* (gancho).

LOS ANGELES EM SEU CORAÇÃO

Em 1994, Magic tornou-se vice-presidente do Lakers e mais tarde serviu como presidente por dois anos, de 2017 a 2019. Em reconhecimento, o Lakers aposentou seu número 32 e ergueram uma estátua em sua homenagem.

A ARTE DO ENGANO

Seu estilo de jogo era marcado por passes espetaculares *no-look*, onde ele fingia olhar para uma direção para enganar os defensores, e *alley--oops*, passes aéreos em direção à cesta, frequentemente terminando em enterradas magníficas.

O MÁGICO DAS ASSISTÊNCIAS

Magic é considerado um dos maiores passadores de todos os tempos, acumulando 10.141 assistências em sua carreira, com uma extraordinária média de 11,2 assistências por jogo.

ESTADOS UNIDOS

Scottie Pippen

O Motor Silencioso

NOME:
Scottie Maurice Pippen

APELIDOS:
Pip, Robin, Batman

DATA DE NASCIMENTO:
25 de setembro de 1965

LOCAL DE NASCIMENTO:
Hamburg, EUA

TIMES:
Chicago Bulls,
Houston Rockets,
Portland T. Blazers,
ToPo Helsinki,
Sundsvall Dragons

POSIÇÃO:
Ala

É novembro de 1990. Tenho que admitir que estamos realmente enfrentando dificuldades! Os primeiros 12 jogos do Bulls não saíram como esperávamos... perdemos 6 deles. Todos estamos tensos. Quando nos dirigimos para a Costa Oeste, as coisas parecem continuar piorando. O time não está em sintonia, não consigo arremessar direito e sinto uma das minhas dores de cabeça insuportáveis chegando, sem me dar descanso. Então, o técnico Phil Jackson se aproxima de mim. "*Filho, não se preocupe com seu arremesso!*". Mas eu sabia que algo precisava mudar. Seguindo a ideia do técnico, faço a transição de arremessador para... "facilitador". Bem, no próximo jogo contra o Detroit, termino com 13 pontos, 13 rebotes e 12 assistências. Foi assim que percebi como poderia ser útil! A partir daquele momento, vencemos 7 jogos consecutivos, continuamos melhorando cada vez mais e nos tornamos um time imparável... um time que termina conquistando seu primeiro título da NBA ao final da temporada, vencendo os grandes Lakers por 4 a 1!

BULLS
33

Pippen

Fenômeno absoluto!

1 A grande esperança

Criado em uma família muito grande (12 irmãos!), Scottie Pippen teve uma infância difícil. Graças a uma bolsa de estudos e ao trabalho árduo na Universidade de Central Arkansas, ele se destacou no basquete e, posteriormente, foi selecionado pelo Chicago Bulls!

2 Os gloriosos anos 90

Durante esse período, Pippen conquistou duas medalhas de ouro olímpicas, em Barcelona (1992) e Atlanta (1996). Sem esquecer o incrível recorde do Bulls de 72 vitórias em 82 jogos em uma única temporada! Ele também foi selecionado para o All-Star Game 7 vezes, vencendo o prêmio de MVP em 1994.

3 Um companheiro vital

Sua habilidade de criar oportunidades para os companheiros de equipe, combinada com sua excepcional capacidade defensiva, fez dele um jogador incrivelmente versátil. Ele se destacou tanto no ataque quanto na defesa, trazendo equilíbrio e fluidez ao jogo do Bulls e contribuindo significativamente para seus sucessos.

4 Muitos rebotes, poucas gorjetas!

Um dos apelidos menos conhecidos de Pippen é "*No Tippin'Pippen*" (Pippen, o mão de vaca) resultado de rumores que sugeriam que ele não era muito generoso quando se tratava de dar gorjetas em restaurantes.

5 O apito final

Após encerrar sua carreira como jogador, Pippen trabalhou como comentarista de jogos de basquete na grande rede americana ESPN. Em 2010, ele também retornou ao Chicago Bulls como embaixador do time.

CARACTERÍSTICAS DE UM CAMPEÃO

O REI DOS ROUBOS DE BOLA

Pippen é o incontestável rei da defesa na história da NBA, uma muralha impenetrável no perímetro. A temporada de 1993-1994 foi sua melhor em termos de desempenho, com médias de 22 pontos, 8,5 rebotes e 5,6 assistências por jogo. Ele foi selecionado para o Primeiro Time All-Defensive 8 vezes, para o All-NBA 7 vezes, e foi o líder em roubos de bola em 1995.

O INOVADOR ORIGINAL!

Um dos jogadores mais revolucionários da NBA, Pippen mudou a forma como o basquete era jogado. Com uma presença física dominante, brilhante no ataque e na defesa, excepcional nos rebotes e capaz de atuar como ala-armador, ele afirmou: *"Eu fui LeBron James antes de LeBron James."*

4 REBOTES PARA O SUCESSO

PALAVRAS CORTANTES

Em 2022, ele publicou seu livro "Unguarded" (Sem Defesa), no qual ele afirma: *"The Last Dance (A Última Dança), na verdade era mais sobre Michael Jordan do que sobre o Chicago Bulls. Era a história dele. Este livro é meu."*

NINGUÉM TOCA NO NÚMERO 33!

Sua camisa, número 33, foi aposentada tanto pelo Bulls quanto pela Universidade de Central Arkansas.

PLAYOFF? ESTOU LÁ!

Pippen é um dos jogadores do Bulls com mais aparições nos playoffs, totalizando 178 jogos.

AMIGOS OU RIVAIS?

Pippen e Jordan conquistaram 6 títulos juntos e até se referiam um ao outro como "irmãos", mas, após o lançamento do documentário de Jordan, "*The Last Dance*", que Pippen não apreciou, a relação entre eles foi permanentemente abalada.

Charles Barkley

Força dominante

Nome:
Charles Wade Barkley

Apelidos:
Sir Charles, Chuck

Data de nascimento:
20 de fevereiro de 1963

Local de nascimento:
Leeds, EUA

Times:
Philadelphia 76ers, Phoenix Suns, Houston Rockets

Posições:
ala-pivô, ala

Para ser honesto, sempre acreditei que eu era o melhor. Eu achava que Michael Jordan apenas tinha mais ajuda do que eu. Em 1993, quando o Phoenix Suns estava prestes a enfrentar o Bulls, eu disse ao técnico Fitzsimmons que chegaríamos às finais. Ele me olhou com desconfiança e respondeu: "Bem, Michael vai estar lá." Minha resposta? "*Cotton, acho que sou melhor do que Michael Jordan.*" Chegamos ao Jogo 1. Joguei bem, mas os outros caras estavam nervosos e perdemos. Jogo 2. Acho que marquei uns 46-47 pontos, joguei muito bem. E Michael fez 52! Então, voltei para casa naquela noite, e minha filha estava chorando: "*Papai, você perdeu de novo.*" Respondi: "*Querida, acho que Michael Jordan é melhor do que eu.*" "*Você nunca disse isso antes.*" Então, eu respondi: "*Querida, nunca me senti assim antes.*"

1

Quebrador de recordes

Nas semifinais da Conferência Leste de 1986, estabeleceu um recorde impressionante com 100 tentativas de lance livre em uma série de 7 jogos.

2

Força da natureza

Em um jogo, ele deu uma enterrada com tanta força que o aro (que pesa 1.016 kg!) foi deslocado 15 centímetros para a direita.

3

Eu amo pizza!

Dizem que ele costumava reservar quartos de hotel sob o pseudônimo de Homer Simpson, talvez porque tivesse muito em comum com o famoso personagem: por exemplo, um físico robusto e um amor infinito por comida, especialmente pizza!

4 REBOTES PARA O SUCESSO

NO TOP 50

Eleito MVP da temporada regular em 1993, mais tarde Barkley foi selecionado entre os 50 maiores jogadores de todos os tempos de acordo com a NBA. Além disso, participou do NBA All-Star Game 11 vezes, sendo eleito MVP em 1991.

OS TRÊS "I'S"

Irritável, impulsivo, instintivo. Essas palavras resumem o estilo de jogo de Charles Barkley. Extremamente competitivo e direto, seu comportamento gerou críticas e elogios, graças ao seu carisma incrível.

A REGRA BARKLEY

Por causa de seu estilo de jogo agressivo, a NBA criou uma nova regra: a Regra Barkley, que proibia um jogador de segurar a bola por mais de 5 segundos em situações de *post-up* (com as costas voltadas para a cesta).

UM SONHO QUE SE TORNOU REALIDADE!

Nas Olimpíadas de 1992, ele fez parte do lendário Dream Team, ao lado de jogadores como Michael Jordan, Magic Johnson, Larry Bird e Scottie Pippen. Barkley foi o maior pontuador da equipe, com uma média de 18 pontos por jogo.

Estados Unidos

Kareem Abdul-Jabbar

O grande coreógrafo

NOME:
Ferdinand Lewis Alcindor Jr.

APELIDO:
The Captain (Capitão)

DATA DE NASCIMENTO:
16 de abril de 1947

LOCAL DE NASCIMENTO:
Nova Iorque, EUA

TIMES:
Milwaukee Bucks, L.A. Lakers

POSIÇÃO:
Pivô

Nunca esquecerei aquela sensação: a bola parecia cair do céu! Era o início dos anos 70, e me lembro vividamente do espanto da plateia... e dos meus adversários. Eu aperfeiçoei meu movimento característico enquanto estava na universidade, na Califórnia. Naquela época, eu ainda não era o Kareem que todos conhecem. Eu era Lew Alcindor, um garoto alto e magro tentando encontrar uma forma de usar minha altura sem parecer desajeitado. Meu treinador sempre dizia que eu precisava aproveitar ao máximo meu corpo. Então, desenvolvi uma maneira de proteger a bola e arremessar acima de qualquer um que tentasse me marcar. O *skyhook* tornou-se uma arma secreta que eu usava contra defensores mais baixos ou mais rápidos. E quando eu o executava, especialmente contra jogadores como Bob Lanier, que eram tão difíceis de vencer no garrafão, todos ficavam sem palavras: parecia uma coreografia perfeita, algo que só podia ser admirado.

LAKERS

ABDUL-JABBAR

Fenômeno absoluto!

1 Um gigante desde pequeno

Aos 9 anos, Kareem já tinha 1,73 metros de altura, e, na oitava série, alcançou 2,03 metros. Aos 14 anos, começou a jogar basquete de forma séria na Power Memorial Academy, em Nova York, e, quando adulto, chegou a impressionantes 2,18 metros!

2 Proteção... com estilo!

Por ser tão alto e frequentemente estar no centro da ação perto da cesta, Kareem muitas vezes era atingido no rosto. Após várias lesões na córnea durante jogos, ele começou a usar óculos de proteção. Esses óculos se tornaram uma marca registrada ao longo de sua carreira, transformando-o em um ícone.

3 O Skyhook

O *skyhook* era um arremesso especial: ele levantava a bola acima da cabeça com uma mão, esticava o braço alto, como se estivesse tentando tocar o céu, e, então, soltava a bola suavemente em um movimento curvado, como um gancho. Impossível de bloquear!

4 Artes marciais

Kareem era um grande entusiasta das artes marciais, admirando sua disciplina e espiritualidade. Quando se mudou para Los Angeles, começou a treinar com Bruce Lee, e os dois se tornaram grandes amigos.

5 Aplaudido de pé

Ele se aposentou do basquete aos 42 anos. Em seu último jogo, apesar de o Lakers ter perdido para o Detroit Pistons por 4x0 na série, a torcida lhe aplaudiu de pé durante 10 minutos inteiros! Seus companheiros de equipe usaram os mesmos óculos que ele, como um sinal de respeito.

CARACTERÍSTICAS DE UM CAMPEÃO

DE CALOURO A RECORDISTA

Depois de ganhar o prêmio de Calouro do Ano em 1970, Kareem continuou a brilhar. Com 6 campeonatos da NBA e 6 prêmios de MVP da temporada regular (além de 2 MVPs das Finais), ele participou de 19 All-Star Games (um recorde histórico) e foi selecionado 10 vezes para o Primeiro Time da All-NBA. Ele é o segundo maior pontuador da história da NBA, com um total de 38.387 pontos!

TOQUE MÁGICO

Kareem era extremamente ágil e coordenado, usando sua altura e o *skyhook* para pontuar com grande precisão. Mestre no jogo de poste baixo, ele era também um defensor formidável, destacando-se em tocos e rebotes graças à sua visão de jogo excepcional e tempo de reação.

4 REBOTES PARA O SUCESSO

OLÁ, HOLLYWOOD!

Kareem estrelou em diversos filmes e programas de TV famosos, como "*Apertem os Cintos, o Piloto Sumiu!*", "*Um Maluco no Pedaço*", "*Scrubs*", "*New Girl*" e "*The Big Bang Theory*".

RENASCENDO DAS CINZAS

Em 1983, sua casa em Los Angeles pegou fogo, e Kareem perdeu sua coleção de discos de jazz, cerca de 3.000 LPs. Em um gesto de solidariedade, muitos fãs enviaram novos discos para ajudá-lo a reconstruir sua coleção.

CAPITÃO NO COMANDO

Em 2002, Kareem foi técnico do Oklahoma Storm, na USBL (United States Basketball League), e levou o time ao campeonato. De 2005 a 2011, ele trabalhou como consultor de desenvolvimento de jogadores para o Los Angeles Lakers.

ESTRELA DO BASQUETE, MESTRE DOS MISTÉRIOS!

Fã apaixonado das histórias de Sherlock Holmes, Kareem co-escreveu vários romances protagonizados por Mycroft Holmes, o irmão menos conhecido de Sherlock.

ESTADOS UNIDOS

Stephen Curry

O raio

Nome:
Wardell Stephen Curry II

Apelido:
Steph, Baby-Faced Assassin (Steph, Assassino com Cara de Bebê)

Data de nascimento:
14 de março de 1988

Local de nascimento:
Akron, EUA

Time:
G. S. Warriors

Posição:
Armador

Assim que comecei a jogar basquete, ouvi estas palavras repetidamente: você não é alto o suficiente! E eu tinha 1,88 metros de altura! Além disso, diziam que eu era magro demais, muito frágil para uma liga que buscava campeões com físico dominante. Mas não deixei as críticas me abalarem. Eu só precisava encontrar uma maneira de compensar essa "desvantagem". Agora, não apenas consigo acertar arremessos de três pontos fenomenais mesmo em situações difíceis, como também libero a bola em apenas 0,4 segundos. Sou tão rápido que os defensores acham difícil me bloquear, mesmo quando estão me marcando de perto. A crítica me motivou, me impulsionou a melhorar, e agora ninguém se importa com minha altura!

1

Líder em arremessos de três pontos

Com 3.747 arremessos de três pontos em sua carreira, Curry ocupa o primeiro lugar na NBA em número de cestas de três pontos convertidas, superando grandes nomes da liga, como Ray Allen.

2

Melhor amigo

Ele raramente é visto sem seu confiável protetor bucal, que usa desde a época da faculdade. Steph geralmente mastiga o protetor para relaxar e se concentrar.

3

Dupla vencedora

Curry e seu ex-companheiro de equipe, Klay Thompson, ficaram conhecidos como os Splash Brothers, devido à habilidade de acertar arremessos de longa distância, criando o som de "*splash*" quando a bola entra sem tocar em nada. Juntos, conquistaram vários campeonatos.

4 REBOTES PARA O SUCESSO

TÚNEL DA SORTE

Antes de cada jogo, Steph arremessa do túnel de entrada dos jogadores. Se a bola entra, ele considera isso um bom presságio para a partida!

UM VERDADEIRO GUERREIRO

Quatro vezes campeão da NBA, MVP da temporada regular em 2015-16 e MVP das Finais em 2022, Curry participou de 10 All-Star Games e foi destaque em 2022. Ele também foi o maior pontuador da temporada em 2016 e 2021. Além disso, conquistou sua primeira medalha de ouro olímpica em 2024.

FLUTUANDO NA QUADRA

Curry frequentemente utiliza *floaters*, arremessos técnicos de trajetória alta realizados em movimento, geralmente usados por jogadores "menores" para evitar bloqueios dos defensores.

CONTRA SI MESMO!

Curry detém o recorde de mais arremessos de três pontos convertidos em uma única temporada, com impressionantes 402 durante a temporada 2015-16, quebrando seu próprio recorde!

DRAŽEN PETROVIĆ

O Mozart de Šibenik

NOME:
Dražen Petrović

APELIDOS:
The Devil of Šibenik (O Diabo de Šibenik), The Mozart of Basketball (O Mozart do Basquete)

DATA DE NASCIMENTO - FALECIMENTO:
22 de outubro de 1964 – 07 de junho de 1993

LOCAL DE NASCIMENTO:
Šibenik, Croácia

TIMES:
K.K. Šibenik, Cibona Zagreb, Real Madrid, Portland T. Blazers, N.J. Nets

POSIÇÃO:
ala-armador

Foi um dia especial, aquele amistoso entre Croácia e Itália em Trieste. Normalmente, eu arremessava com uma precisão incrível, mas, naquela ocasião, parecia que a magia havia desaparecido. Eu continuava errando, e a bola sempre saía. Era frustrante, mas eu não perdi a fé em mim mesmo. Durante um tempo técnico, em vez de ouvir as instruções do técnico, decidi investigar: fui até a cesta e a examinei cuidadosamente. Algo estava errado. Aproximei-me do árbitro e disse: "*O aro está fora de posição por alguns centímetros. Precisa ser ajustado!*". Eles mediram, e, de fato, não estava devidamente alinhado. Depois de corrigirem o problema, comecei a acertar arremesso após arremesso. Era como se o aro estivesse ligado à minha mão por um fio invisível. Naquele dia, aprendi que, mesmo quando tudo parece dar errado, você não deve desistir, pois muitas vezes são nesses momentos que encontramos a chave para alcançar nossos objetivos.

NETS
3

Petrović

Fenômeno absoluto

1 Eu não vou a lugar nenhum!

O compromisso de Petrović com o basquete era incomparável. Aos 8 anos de idade, ele acordava todos os dias às 5 da manhã para arremessar antes de ir para a escola. Já adulto, ele era sempre o último a sair do ginásio após os treinos.

2 Uma regra a seguir

Quando adolescente, ele passava todos os verões com o técnico Rusmir Halilović, que lhe dizia: "*Seu arremesso deve ser sempre o mesmo.*" E assim foi. Petrović desenvolveu uma técnica impecável, tornando-se um arremessador letal de três pontos.

3 O jogo perfeito

Quando jogou pelo Cibona, em um jogo contra o Olimpija Ljubljana, ele marcou 112 pontos, acertando 10 arremessos de três pontos e convertendo 22 de 22 lances livres, levando sua equipe à vitória com o placar final de 158-77!

4 Time errado?

Petrović teve dificuldades para se destacar no Portland Trail Blazers, onde passou muito tempo no banco, preterido por outros jogadores. Então, ele foi para os Nets, onde teve a chance de brilhar: marcou 40 pontos em seu primeiro jogo de playoff e, na temporada 1992-93, teve uma média de 22,3 pontos por jogo.

5 Na Europa e no mundo

Em 1986, ele foi eleito MVP do Campeonato Mundial da FIBA, onde conquistou a medalha de ouro com a Iugoslávia. Três anos depois, voltou a ser MVP, desta vez no Campeonato Europeu, quando a Iugoslávia conquistou o ouro. Ele também ganhou uma medalha de bronze e uma de prata nas Olimpíadas e, em 1993, foi selecionado para o Terceiro Time da All-NBA.

CARACTERÍSTICAS DE UM CAMPEÃO

A MELHOR RESPOSTA

Em um jogo entre os Nets e o Houston Rockets, Vernon Maxwell, o ala-armador dos Rockets e adversário, declarou antes do início da partida: "*Nenhum branco europeu vai me dar uma lição*". A resposta de Petrović? Impressionantes 44 pontos!

UMA COMBINAÇÃO VENCEDORA

Em quadra, garra e determinação eram o foco principal. Petrović adorava confrontos um contra um, combinando um espírito agressivo e combativo com um arremesso rápido, fluido e preciso.

4 REBOTES PARA O SUCESSO

NÚMEROS IMORTAIS

Considerado o maior jogador de basquete europeu de todos os tempos, após sua morte prematura, tanto os Nets quanto o Cibona aposentaram suas camisas: 3 pelos Nets e 10 pelo time de Zagreb.

UM HERÓI CONTRA GIGANTES

Na final olímpica de 1992, em Barcelona, ele enfrentou o formidável Dream Team dos EUA. Embora a Croácia tenha perdido, Petrović foi o grande destaque de sua equipe, marcando 11 pontos consecutivos, sendo os últimos 6 pontos vindos de dois arremessos certeiros de três.

UMA MARCA PERMANENTE

Dražen foi um dos primeiros jogadores europeus a se destacar no competitivo mundo da NBA. Sua carreira abriu caminho para talentos como Dirk Nowitzki e Pau Gasol.

BATALHAS INESQUECÍVEIS

É assim que Michael Jordan se lembra de suas partidas: "Era emocionante jogar contra o Dražen. Ele vinha para cima de mim com a mesma intensidade que eu ia para cima dele. Tivemos grandes duelos no passado e, infelizmente, foram duelos curtos."

Shaquille O'Neal

O titã invencível

NOME:
Shaquille Rashaun O'Neal

APELIDOS:
Shaq, Big Diesel

DATA DE NASCIMENTO:
06 de março de 1972

LOCAL DE NASCIMENTO:
Newark, EUA

TIMES:
Orlando Magic, L.A. Lakers, Miami Heat, Phoenix Suns, Cleveland Cavaliers, Boston Celtics

POSIÇÃO:
Pivô

Março de 2000. Hoje é meu aniversário de 28 anos e, esta noite, jogaremos o clássico de Los Angeles: Clippers contra Lakers, meu time! Estou um pouco nervoso, principalmente porque meus pais e alguns parentes estão vindo de Newark para me assistir jogar... Mas então, um funcionário dos Clippers me liga. "*Olá, Sr. O'Neal, o total dos seus ingressos é 5.000 dólares.*" "*O quê?*", respondo, surpreso! Não me importo com o dinheiro, mas achei o gesto bem rude! Geralmente, os ingressos de cortesia são oferecidos também ao time adversário. Tudo bem, se essas são as regras, vou jogar o jogo! O cronômetro apita às 23:30, encerrando o jogo: vencemos o Clippers por 123 a 103. Eu marquei 61 pontos, peguei 23 rebotes, fiz 3 assistências e acertei 24 de 35 arremessos. Quando voltamos ao hotel, meu pai me perguntou o que eu disse ao funcionário do Clippers. "*Nunca me faça pagar pelos ingressos!*"

1 Primeiro em tudo

Ele foi o *primeiro jogador* a ser eleito Jogador da Semana logo em sua *primeira semana* na NBA.

2 Números impressionantes

Com impressionantes 2,16 metros de altura e cerca de 150 kg, Shaq é um verdadeiro homem-montanha. E o tamanho do seu calçado? Incríveis 58!

3 Shaq destrói tudo!

Seus enterradas eram tão poderosas que, durante um jogo em 1993, ele literalmente destruiu uma tabela, obrigando a NBA a reforçar todas as estruturas de aro então existentes.

4 REBOTES PARA O SUCESSO

DO BASQUETE PARA O RAP

No início dos anos 90, Shaq começou uma carreira como rapper, lançando um total de 5 álbuns. Seu álbum de estreia, chamado Shaq Diesel, vendeu mais de um milhão de cópias e recebeu disco de platina.

TRÊS SEGUIDOS!

Ele conquistou 3 títulos consecutivos da NBA pelos Lakers, além de um pelo Miami Heat, e foi eleito MVP das Finais de 2000 a 2002!

VOCÊ NÃO VAI... MARCAR!

Sua altura imponente e força física imensa intimidavam qualquer adversário. Por isso, Shaq é um dos melhores bloqueadores de todos os tempos, ocupando o oitavo lugar com 2.732 bloqueios.

PROMESSA É DÍVIDA

Em 1992, Shaq deixou a universidade para entrar na NBA, mas prometeu à sua mãe, Lucille, que um dia completaria os estudos. Ele cumpriu essa promessa em 2000, quando finalmente se formou na Louisiana State University.

ESTADOS UNIDOS

Larry Bird

A lenda travessa

NOME:
Larry Joe Bird

APELIDO:
Larry Legend

DATA DE NASCIMENTO:
07 de dezembro de 1956

LOCAL DE NASCIMENTO:
West Baden Springs, EUA

TIME:
Boston Celtics

POSIÇÕES:
Ala, ala-pivô

“*Você não pertence a esta liga, garoto. Cometeram um erro ao te colocarem para me marcar.*” Foi assim que cumprimentei Wilkins, o novato do Atlanta Hawks, antes de enterrá-lo com arremessos *fadeaway* e incontáveis cestas de três pontos. Eu até tentei bloqueá-lo durante uma de suas enterradas. Talvez tenha ido longe demais, porque acabei estirado no chão. Mas isso não foi o fim. Naquela noite, marquei 39 pontos bem na cara dele. Tenho que admitir, gosto de novatos; adoro colocar pressão neles. Pegue Reggie Miller, do Indiana Pacers, por exemplo. Ele era jovem, inexperiente e ousado o suficiente para tentar me provocar enquanto eu cobrava lances livres. Mas tratei logo de colocá-lo no lugar dele: “*Escuta aqui, novato, eu sou o melhor arremessador da liga... da liga, entendeu? E você está aqui tentando me dizer alguma coisa?*” Nem preciso dizer que acertei os dois lances livres. Essa foi uma lição que Reggie nunca esqueceu. Para ser honesto, nem os técnicos escapavam de mim. Durante um jogo contra o Utah Jazz, virei para o técnico deles, Frank Layden, e perguntei: “*Ei, Frank. Você não tem ninguém nesse time que possa me marcar?*” Layden olhou ao redor da quadra, depois para os jogadores no banco, e respondeu: “*Não.*”

CELTICS
33

Fenômeno absoluto

1 Da miséria à riqueza

Nascido em uma cidade pequena, ele é o quarto de seis filhos. Sua família vivia na pobreza, em uma casa modesta próxima aos trilhos do trem. Larry frequentemente dizia que seu desejo de proporcionar uma vida melhor para seus entes queridos foi sua principal fonte de motivação.

2 A exceção à regra

Nos anos 1980, a NBA implementou um teto salarial para garantir uma competição mais equilibrada entre os times. No entanto, para acomodar o Celtics, que queria manter Bird em sua equipe, criaram a Regra Larry Bird: os times poderiam abrir uma exceção ao renovar o contrato com seus próprios jogadores.

3 É dia de mão esquerda!

Em fevereiro de 1986, durante um jogo contra o Portland Trail Blazers, Larry desafiou a si mesmo jogando com a mão esquerda em vez da direita. Ele teve uma atuação brilhante, terminando o jogo com 47 pontos, 14 rebotes e 11 assistências!

4 Magic e Bird

A rivalidade intensa entre Larry Bird e Magic Johnson começou na época da universidade, quando se enfrentaram pela primeira vez. Seus duelos eram espetaculares, mas também construíram uma relação de respeito e amizade. Eles foram companheiros de equipe no Dream Team de 1992. Magic disse sobre Larry: "*Nunca haverá outro Larry Bird.*"

5 Um homem de palavra

Bird era excelente em provocações verbais, uma forma de incomodar os adversários com comentários ácidos para desestabilizá-los emocionalmente. Ele costumava dizer aos seus rivais exatamente de onde arremessaria e como faria os pontos... e sempre cumpria o que dizia!

4 REBOTES PARA O SUCESSO

SIGA O MEU COMANDO!

Depois de se aposentar, ele assumiu o comando do Indiana Pacers, levando o time a 58 vitórias e às Finais da Conferência Leste, sendo eliminados pelo Chicago Bulls. Em 2000, ele levou o time até as Finais da NBA, mas foram derrotados novamente.

AS TRÊS COROAS

Larry Bird é a única pessoa na história da NBA a ganhar três dos prêmios mais prestigiados da liga em diferentes funções: MVP da NBA, Técnico do Ano e até mesmo Executivo do Ano na função de dirigente.

EU SABIA!

No concurso de arremessos de três pontos do All-Star Game de 1988, Larry fez seu último arremesso e, sem nem olhar, levantou o dedo indicador em triunfo, certo de que a bola entraria. E ela entrou!

FONTE DE INSPIRAÇÃO

O logotipo original do Twitter (agora X), o pássaro azul, recebeu o nome de Larry the Bird em homenagem a ele. O cofundador Biz Stone é um grande fã do jogador e do basquete.

CARACTERÍSTICAS DE UM CAMPEÃO

A LISTA É INFINITA

Larry conquistou 3 títulos da NBA, foi eleito 3 vezes MVP da temporada regular e 2 vezes MVP das finais. Participou 12 vezes do All-Star Game (sendo MVP em 1982), foi escolhido 9 vezes para o Primeiro Time da All-NBA e 3 vezes para o Segundo Time da NBA All-Defensive. Ele também entrou para o exclusivo Clube 50-40-90 e ganhou a medalha de ouro nas Olimpíadas de 1992.

UMA PARTIDA DE XADREZ

Um arremessador fenomenal, Larry também era excepcional como passador, defensor e reboteiro. Mas, acima de tudo, ele lia o jogo em um nível incomparável, antecipando os movimentos de todos. Um jogador completo e único.

NIGÉRIA

HAKEEM OLAJUWON

UM ATLETA NATO

NOME:
Hakeem Abdul Olajuwon

APELIDO:
The Dream (O Sonho)

DATA DE NASCIMENTO:
21 de janeiro de 1963

LOCAL DE NASCIMENTO:
Lagos, Nigéria

TIMES:
Houston Rockets, Toronto Raptors

POSIÇÃO:
Pivô

Sabe, aos quinze anos eu não sabia muito sobre basquete. Eu jogava futebol como goleiro em um time em Lagos, onde nasci. Como acabei na NBA? Bem, Richard Mills, o técnico americano da seleção nigeriana de basquete, passou pelo campo onde eu estava jogando e ficou impressionado com a minha agilidade. Depois do jogo, ele me levou para almoçar e, a partir daquele momento, o basquete se tornou minha vida. Não senti falta do futebol: o basquete era algo diferente, algo especial. Ele me proporcionava sensações que eu nunca tinha experimentado antes. E, sejamos honestos, eu era muito bom nisso. Meus movimentos na quadra eram naturais, e eu me sentia à vontade. Olhando para trás, está claro para mim que o basquete estava destinado a fazer parte da minha vida.

1 Nasce uma lenda

Depois de ver uma das enterradas de Hakeem, seu técnico universitário o apelidou de *The Dream*, dizendo que vê-lo jogar “parecia um sonho”.

2 Missão (quase) impossível!

Em 29 de março de 1990, ele entrou para a história ao se tornar um dos poucos jogadores a alcançar um quadruplo-duplo. Hakeem conseguiu 18 pontos, 16 rebotes, 11 bloqueios e 10 assistências contra o Milwaukee Bucks!

3 Um triunfo histórico

Ele conquistou seu primeiro título da NBA na temporada 1993-1994 e, de quebra, foi eleito MVP e Jogador Defensivo do Ano. Foi o primeiro jogador na história a alcançar esse feito no mesmo ano!

4 REBOTES PARA O SUCESSO

RECEBEU MUITOS PRÊMIOS

Hakeem foi selecionado para o All-Star Game 12 vezes, esteve presente no All-NBA Team outras 12 vezes e foi escolhido para o All-Defensive Team 9 vezes. Ele também ganhou 2 títulos da NBA e foi eleito MVP das Finais 2 vezes. Além disso, conquistou o ouro olímpico em 1996.

UM NOME, UM DESTINO

No idioma nativo de Hakeem, o iorubá, a palavra Olajuwon significa "estar sempre no topo". Coincidência? Definitivamente, não. Era destino!

UMA LIÇÃO DO FUTEBOL

O Dream Shake, seu movimento característico, envolve uma série de fintas, rápidas mudanças de direção e giros para enganar os adversários. Hakeem admitiu que o movimento foi inspirado pelos deslocamentos que fazia ao jogar futebol.

PALAVRAS PRECIOSAS

Jordan disse sobre ele: "*Se eu tivesse que escolher um pivô para o melhor time de todos os tempos, eu escolheria Olajuwon... porque ele é extremamente versátil.*"

ESTADOS UNIDOS

Rick Barry

Perfeccionista incansável

NOME:
Richard Francis Dennis Barry III

APELIDO:
The Miami Greyhound
(O Galgo de Miami)

DATA DE NASCIMENTO:
28 de março de 1944

LOCAL DE NASCIMENTO:
Elizabeth, EUA

TIMES:
S.F. Warriors, Oakland Oaks, Washington Caps, N.Y. Nets, G.S. Warriors, Houston Rockets

POSIÇÃO:
Ala

Houston, 1980, Texas. Del Harris, meu técnico na época, muitas vezes tinha que lidar com conflitos dentro do time. Então, ele decidiu trazer um psicólogo. O homem entrou no vestiário e nos pediu para fechar os olhos, colocar todos os nossos problemas em uma sacola e jogá-la de uma ponte. Quando abríssemos os olhos, os problemas teriam desaparecido para sempre. Billy Paultz, meu companheiro de equipe no Rockets, abriu os olhos, sorriu e disse: "*Ei, Rick, não entendi. Como é que você ainda está aqui?*". Embora fosse uma piada, havia uma certa verdade em suas palavras. Todos, tanto os companheiros de equipe quanto os fãs, queriam que eu fosse embora. Eles me chamavam de "O Mala", a dor de cabeça, o valentão. Talvez porque eu sempre exigisse perfeição, de mim e dos meus colegas. E sim, eu ficava bravo quando eles cometiam erros. Eu não me importava em ser o cara mais simpático, eu só queria vencer. Talvez eu não tenha lidado com isso da maneira certa, mas toda crítica vinha do meu desejo de levar o time à vitória. Olhando para trás, percebo que poderia ter feito as coisas de forma diferente. Mas essa não era a minha natureza, e minha natureza me levou a sucessos que muitas pessoas nunca esquecerão.

GOLDEN STATE
24

BARRY

Fenômeno absoluto!

1

Que estreia!

Em sua primeira temporada na NBA com o San Francisco Warriors, ele teve médias de 25,7 pontos e 10,6 rebotes por jogo. Naturalmente, foi eleito Calouro do Ano! Em seu segundo ano, ele superou a própria marca, com uma média de 35,6 pontos!

2

Se está funcionando, deixa como está!

Barry é lembrado por seu jeito peculiar de arremessar lances livres, chamado de "*granny shot*" ou "arremesso por baixo": é feito com as duas mãos, começando de baixo e lançando a bola para cima em um arco. Pode parecer estranho, mas funcionava: tinha um aproveitamento de 90% nos lances livres!

3

O Galgo de Miami

Ele recebeu esse apelido por sua graça e agilidade em quadra, combinadas com sua altura e porte esguio. A referência a Miami vem de sua carreira universitária, que aconteceu nessa cidade.

4

Mudando de liga...

Em 1967, Barry deixou a NBA para jogar na ABA (American Basketball Association), uma liga que não existe mais e que se destacava pelos arremessos de três pontos (introduzidos na NBA em 1979) e um estilo de jogo mais chamativo. Com isso, Barry violou uma cláusula em seu contrato, gerando muita controvérsia.

5

... mas só por amor!

Uma das principais razões para sua escolha, no entanto, não foi o salário elevado. Barry escolheu a ABA para ficar próximo de Bruce Hale, seu técnico universitário e... sogro! Mas isso não mudou a opinião dos fãs, que se sentiram traídos por sua decisão.

CARACTERÍSTICAS DE UM CAMPEÃO

O PRIMEIRO DOS WARRIORS

Em 1975, ele liderou o Golden State Warriors ao seu primeiro título da NBA em mais de 20 anos. Ele foi eleito MVP das Finais naquele ano, participou 8 vezes do NBA All-Star Game e foi escolhido 5 vezes para o Primeiro Time da All-NBA.

UM JOGADOR COMPLETO!

Considerado um dos maiores pontuadores de todos os tempos, sua capacidade de marcar de qualquer lugar na quadra o tornava letal. Ele também era um excelente reboteiro, passador e defensor.

4 REBOTES PARA O SUCESSO

UM DOS IMORTAIS

No 50º aniversário da NBA, Barry foi incluído na lista dos 50 maiores jogadores da história do basquete!

VISÃO CRÍTICA

Após se aposentar, Barry tornou-se comentarista de TV para várias emissoras, mantendo o mesmo estilo direto e franco que o definiu em quadra.

ESTRELA DA ABA!

Na ABA, ele conquistou um campeonato em 1969 (onde também foi o maior pontuador) e foi selecionado 4 vezes para o All-Star Game e para o Primeiro Time.

A GERAÇÃO BARRY

Todos seus quatro filhos jogaram profissionalmente. Um deles, Brent, venceu dois campeonatos da NBA com o San Antonio Spurs.

LITUÂNIA

ARVYDAS SABONIS

O MAESTRO DAS ASSISTÊNCIAS

NOME:
Arvydas Romas Sabonis

APELIDO:
Sabas

DATA DE NASCIMENTO:
19 de dezembro de 1964

LOCAL DE NASCIMENTO:
Kaunas, Lituânia

TIMES:
Žalgiris Kaunas, Real Madrid, Portland T. Blazers

POSIÇÃO:
Pivô

Derrotamos os americanos no jogo deles. Era 28 de setembro de 1988, e naquela noite enfrentávamos os Estados Unidos. Com o passar dos minutos, mantínhamos a liderança graças à nossa preparação e experiência. Os americanos tentavam desesperadamente nos alcançar, mas meus passes inteligentes e precisos os deixavam atônitos: éramos todos profissionais, enquanto eles ainda eram estudantes universitários. Sim, eles eram talentosos, mas também menos experientes. Naquela noite, marquei 13 pontos e peguei 13 rebotes. O apito final soou: 82 a 76 para nós! Havíamos garantido uma medalha e apenas um jogo nos separava do ouro olímpico. Depois de derrotar os americanos, tudo parecia possível!

1 Antes tarde do que nunca

Ele se apaixonou pelo basquete relativamente "tarde", aos 13 anos, mas apenas dois anos depois já fazia parte da seleção juvenil e, aos 17, integrou a seleção principal, vencendo o Campeonato Mundial de 1982 na Colômbia.

2 Halls da fama

Em 2010, ele entrou para o Hall da Fama da FIBA e, um ano depois, para o Naismith Memorial Basketball Hall of Fame, em reconhecimento à sua notável contribuição para o mundo do basquete.

3 Um começo sólido

Em 1995, ao chegar ao Portland, ele teve médias de 14,5 pontos, 8,1 rebotes, 1,1 bloqueios e 1,8 assistências, jogando pouco menos de 24 minutos por partida, mesmo aos 30 anos e retornando de uma grave lesão.

4 REBOTES PARA O SUCESSO

REI DA EUROPA

Durante a temporada de 1994-95 com o Real Madrid, ele registrou médias de 22,9 pontos, 2,4 assistências, 12,5 rebotes, 2,3 bloqueios e 1,6 roubos de bola em 42 jogos.

UM ARMÁRIO CHEIO DE TROFÉUS

Ele conquistou 3 campeonatos soviéticos, 2 espanhóis e 2 lituanos, além de uma Copa dos Campeões da Europa e uma Copa Intercontinental. Também ganhou 1 ouro olímpico, além de 1 ouro e 1 prata em Campeonatos Mundiais.

BASQUETE NO SANGUE

Ele tem três filhos, todos jogadores de basquete. Domantas, atualmente, joga na NBA pelo Sacramento Kings e já foi selecionado 3 vezes para o NBA All-Star Game!

EU AMO BOSTON!

Domantas revelou que seu pai é um grande fã do Boston Celtics e que o jogador que ele mais admira é Larry Bird e que sua cor favorita é, claro, verde!

Emanuel Ginóbili

Espírito competitivo

NOME:
Emanuel Ginóbili

APELIDOS:
Manu, El Contusion, The Magician (Mágico, Ilusionista)

DATA DE NASCIMENTO:
28 de julho de 1977

LOCAL DE NASCIMENTO:
Bahía Blanca, Argentina

TIMES:
Viola R. Calabria, Virtus Bologna, San Antonio Spurs

POSIÇÃO:
Ala-armador

Aqui estamos nós, pelo segundo ano consecutivo. É a grande final: San Antonio Spurs contra o Miami Heat mais uma vez. No ano passado, o título escapou por entre nossos dedos. Desde então, cada treino e cada jogo foi focado em um único objetivo: voltar aqui e pegar o que é nosso, prontos para fazer o que for necessário para nos redimir e vencer. É o Jogo 5, e estamos liderando a série por 3x1. O Miami Heat está perdendo por 5 pontos no segundo quarto, e algo dentro de mim, talvez aquele espírito competitivo que meu grande treinador Gregg Popovich sempre elogia, me impulsiona a correr em direção à cesta com uma rápida mudança de direção. O Miami Heat luta com muita garra, como esperado. É um time de campeões, liderado por LeBron James, Dwyane Wade e Chris Bosh, e eles não desistem facilmente. Mas eu me sinto como um rio caudaloso, a multidão desaparece ao fundo enquanto eu vejo apenas uma coisa: a rede. Eu salto com toda a energia que tenho e enterro por cima da cabeça de Chris Bosh! Uma enterrada espetacular para mim!! O AT&T Center enlouquece, todos aplaudindo e comemorando. Como acabou? Dominamos o restante do jogo, vencendo por 104x87 e conquistando o título da NBA! Sim, eu posso ter 36 anos, mas por dentro ainda sou uma criança!

SPURS
20

GINÓBILI

Fenômeno absoluto!

1 Explorando a Itália

Manu passou a primeira parte de sua carreira na Itália, jogando pelo Viola Reggio Calabria e Virtus Bologna, com o qual conquistou 1 Campeonato, 2 Copas da Itália e 1 Euroliga. Ele foi eleito 2 vezes MVP da Série A e 1 vez MVP da Euroliga Final Four.

2 Os opostos se atraem

No início de sua carreira com o Spurs, seu relacionamento com o técnico Gregg Popovich foi bastante desafiador. O treinador desaprovava o estilo de jogo de Manu, considerando-o desorganizado e sem regras. Ao longo dos anos, os dois aprenderam a trabalhar juntos, combinando suas forças para formar uma equipe formidável.

3 Verdadeiramente único

Manu é o único jogador na história do basquete, junto com Bill Bradley, a conquistar 1 título da Euroliga, 1 campeonato da NBA (com o Spurs) e uma medalha de ouro olímpica (em 2004, com a Argentina).

2 Euro Step

Um de seus "movimentos" característicos é o *Euro Step*, uma ação em que você dá rapidamente um passo em uma direção e, em seguida, um segundo passo em outra direção, para contornar os defensores e finalizar com um arremesso na cesta.

9 Questão de sorte?

Em 2018, durante um jogo contra o Knicks, Manu tentou um passe para seu companheiro de equipe LaMarcus Aldridge. No entanto, o lançamento tomou um rumo inesperado e caiu direto na cesta! A princípio, ninguém percebeu, mas após um momento de confusão, o lance foi reconhecido como uma cesta de três pontos.

4 REBOTES PARA O SUCESSO

BAT-MANU!

No dia 31 de outubro de 2009, um morcego invadiu o AT&T Center, em San Antonio, durante um jogo contra o Sacramento Kings. Foi Manu quem o deteve... com um bloqueio brilhante!

SEXTO HOMEM INCRÍVEL

Manu foi o primeiro jogador na história da NBA a alcançar pelo menos 1.000 cestas de três pontos, 1.000 roubos de bola e 400 bloqueios ao sair do banco de reservas!

FALTAS E MAGIAS

Ele era chamado de *El Contusion* por seu estilo de jogo agressivo, que frequentemente resultava em faltas, e de *The Magician* por seus movimentos surpreendentes e criativos.

IDADE É SÓ UM NÚMERO

Em 2017, aos 39 anos, Manu realizou um bloqueio impressionante em James Harden, ajudando o Spurs a garantir uma vitória por 110 a 107 na prorrogação contra o Houston Rockets.

CARACTERÍSTICAS DE UM CAMPEÃO

A TRILHA DO SUCESSO

Manu conquistou 4 campeonatos com o Spurs (em 2003, 2005, 2007 e 2014), ganhou uma medalha de ouro e uma de bronze nas Olimpíadas, foi selecionado 2 vezes para o NBA All-Star e 2 vezes para o Terceiro Time da ALL-NBA. Ele também venceu o Campeonato das Américas da FIBA duas vezes, sendo eleito MVP em ambas as ocasiões.

A ARTE DA SURPRESA

O estilo de Manu era marcado por mudanças repentinas de direção, intrusões rápidas e passes sem olhar. Ele demonstrava criatividade com soluções inesperadas, defendia com agressividade e se destacava roubando a bola.

FRANÇA

Tony Parker

O condutor brilhante

Nome:
William Anthony Parker Jr.

Apelidos:
Tony, TP, The Parisian Torpedo (Torpedo Parisiense)

Data de nascimento:
17 de maio de 1982

Local de nascimento:
Bruges, Bélgica

Times:
ASVEL Basket, San Antonio Spurs, Charlotte Hornets

Posição:
armador

"*Tony fez tudo errado e tudo certo na mesma jogada*", relembraria LeBron James mais tarde. Era 6 de junho de 2013, Jogo 1 das Finais da NBA, Spurs contra Miami Heat. Eu estava com a bola, faltavam poucos segundos. LeBron fixava os olhos em mim, determinado a bloquear todos os meus movimentos. Tropecei e perdi o equilíbrio várias vezes, mas, de alguma forma, a bola permaneceu nas minhas mãos. Estava quase acabando. Movido pelo desespero, arremessei. A bola bateu no aro e então... entrou! O impossível aconteceu: um único e louco, movimento mudou o jogo e nos levou à vitória!

1 Da Bélgica para a França

Tony nasceu na Bélgica, mas tem cidadania francesa porque cresceu na França após sua família se mudar para lá quando ele era pequeno. Ele sempre jogou pela França em competições internacionais, tornando-se seu jogador mais importante.

2 Além da sua altura

Apesar de ser relativamente baixo para os padrões da NBA (1,88 m!), Parker se destacou e brilhou graças aos seus movimentos rápidos e precisos, à sua habilidade excepcional de controlar o jogo e ditar o ritmo ofensivo do Spurs.

3 O jogo bonito

O "jogo bonito" do Spurs, sob o comando de Gregg Popovich, é um sistema caracterizado pelo trabalho em equipe e constante movimentação da bola para encontrar o melhor arremesso possível. Parker foi uma peça-chave nesse sistema, adaptando-se a ele de forma natural.

4 REBOTES PARA O SUCESSO

NO TRONO EUROPEU

Ele foi o primeiro jogador francês a vencer um campeonato da NBA (com o Spurs em 2003) e o primeiro jogador europeu a ser eleito MVP das Finais (em 2007).

VENCEDOR UNIVERSAL

Tony conquistou 4 títulos da NBA com o Spurs, participou 6 vezes do NBA All-Star Game e foi selecionado 3 vezes para o Segundo Time da All-NBA. Pela seleção francesa, ele conquistou 2 medalhas de bronze, 1 de prata e 1 de ouro no EuroBasket.

O GRANDE TRIO

Junto com Manu Ginóbili e Tim Duncan, formou o chamado Grande Trio. Em quadra, ele e Tim Duncan tinham uma química impressionante, especialmente no *pick-and-roll* e nas jogadas de transição.

APROVEITE O MOMENTO!

Parker era excelente em jogadas decisivas, aquelas ações que ocorrem nos momentos mais críticos de um jogo, geralmente nos segundos finais, e que determinam seu resultado.

ITÁLIA

Marco Belinelli

O arremessador letal

NOME:
Marco Stefano Belinelli

APELIDO:
Beli

DATA DE NASCIMENTO:
25 de março de 1986

LOCAL DE NASCIMENTO:
San Giovanni in Persiceto, Itália

TIMES:
Virtus Bologna, Fortitudo Bologna, G.S. Warriors, Toronto Raptors, N.O. Hornets, Chicago Bulls, San Antonio Spurs, Sacramento Kings, Charlotte Hornets, Atlanta Hawks, Philadelphia 76ers

POSIÇÃO:
ala-armador, ala

Era 2014, o fim de semana do NBA All-Star. Tive a sorte de participar do concurso de arremessos de três pontos. O desafio envolve 5 posições de arremesso ao redor do arco, cada uma com 5 bolas e 70 segundos para arremessar, a uma distância de 7 metros. Não é nada fácil, acredite! Além disso, o All-Star Game é um verdadeiro show: a atmosfera é insana e os jogadores se deixam levar completamente por ela. Selfies, entrevistas e muito mais. É preciso muita determinação para manter o foco em seus objetivos. Mas isso não era problema para mim, eu mal podia esperar para entrar em quadra. Sempre fui bom em arremessos de três pontos, mas, naquela noite minha mão estava mais quente do que o normal, e eu me sentia preparado. No início, errei alguns arremessos, mas me recuperei rapidamente, terminando em um desempate com Bradley Beal, do Washington Wizards. Um, dois, três, quatro, cinco... seis arremessos consecutivos, sem tocar no aro! Beal marcou 18 pontos, mas isso não era nada comparado aos meus 24 de 25! Eu tinha feito história: tornei-me o primeiro jogador italiano a vencer essa competição. É verdade... tudo pode acontecer no mundo mágico do All-Star Game!

BELINELLI

Fenômeno absoluto

1 Lar Doce Lar

Marco começou sua carreira no Virtus Bologna, equipe para a qual retornou 17 anos depois como capitão. Em 2021, ele levou o time ao título, derrotando o Olimpia Milano.

2 Momento Histórico

Em 2014, ele conquistou o título da NBA com o San Antonio Spurs, que derrotou o Miami Heat nas Finais. Marco fez história como o único jogador italiano a ganhar um anel de campeão.

3 Momento decisivo

Na Copa do Mundo de 2006, no Japão, Belinelli enfrentou a seleção dos EUA, que incluía estrelas como LeBron James e Carmelo Anthony. Ele marcou 25 pontos, chamando a atenção de olheiros da NBA e foi selecionado no draft no ano seguinte.

4 Sessão em dose dupla

Quando criança, seu ídolo era Michael Jordan. Ele costumava ficar acordado até tarde com seu irmão Enrico para assistir aos jogos de Jordan e, depois, imitar seus movimentos no quintal. Ao ir ao cinema assistir *Space Jam*, ficou tão encantado que assistiu ao filme uma segunda vez!

5 Elogios do Presidente

Após conquistar o campeonato em 2014, o San Antonio Spurs foi recebido na Casa Branca pelo então presidente dos Estados Unidos, Barack Obama. Durante a cerimônia, Obama comentou que o Chicago Bulls sentia falta de Marco, que havia defendido a equipe no ano anterior.

4 REBOTES PARA O SUCESSO

BELINELLI NAS TELAS GRANDES

Em um jogo contra os Raptors, ele marcou 23 pontos, e a torcida passou a gritar "*Rocky! Rocky!*" devido à sua semelhança com Sylvester Stallone, astro de *Rocky*.

UM LEVA AO OUTRO!

Quando chegou aos Estados Unidos, Marco descobriu os famosos cookies com gotas de chocolate. Ele gostava tanto que seus companheiros de equipe o apelidaram de Cookie Monster, personagem dos *Muppets* que está sempre segurando um cookie.

O SEGREDO DE UM CAMPEÃO

Sua precisão nos arremessos não é questão de sorte: Marco revelou que, em cada sessão de treino, realiza pelo menos 200 arremessos!

SUPER MARCO

Em uma festa de Halloween do Spurs, Marco se fantasiou de Super Mario, enquanto seu companheiro Ginóbili foi de Buzz Lightyear, de *Toy Story*.

CARACTERÍSTICAS DE UM CAMPEÃO

A COLEÇÃO DE BELI

Além de conquistar 1 título da NBA com o Spurs, Marco também venceu 2 campeonatos italianos, 4 Supercopas Italianas e 1 Eurocopa. Ele foi eleito MVP da Supercopa em 2005 e da Série A em 2024.

ELE NUNCA PARA

Além de seu arremesso mortal de três pontos, Marco se destaca em jogadas *catch-and-shoot* (arremessos rápidos e imediatos após receber a bola). Movimenta-se continuamente para ficar livre e receber um passe. Em situações difíceis, ele já mostrou sua capacidade de assumir o controle do jogo.

ESTADOS UNIDOS

TIM DUNCAN

TALENTO NATURAL

NOME:
Timothy Theodore Duncan

APELIDOS:
The Big Fundamental (Grande Fundamento), TD, Timmy

DATA DE NASCIMENTO:
25 de abril de 1976

LOCAL DE NASCIMENTO:
Christiansted (Ilhas Virgens), EUA

TIME:
San Antonio Spurs

POSIÇÕES:
Ala-pivô, pivô

Eu não gosto de atenção nem de ser o centro das atenções. Mas, quando vejo alguém passando por dificuldades, é natural para mim tentar ajudar. Hoje à noite estamos em Sacramento, e Nanu (é assim que eu o chamo!), Ginóbili, está tendo uma noite difícil. Estamos com 1 ponto de vantagem, e o Pop dá a ele a posse final, mas ele erra, e os Kings vencem o jogo. Não gosto de perder, é claro, mas fiquei com pena do cara. Ao voltarmos ao hotel, ele desapareceu, e fiquei preocupado. Continuei ligando. Uma, duas, três... cinco vezes. Ele finalmente atende. "*Nanuuuu! Tudo bem, amigão?*" Eu o convenço a jantar comigo, e conversamos por horas, mas nunca sobre o jogo ou sobre basquete. No final da noite, ele estava mais tranquilo e se sentindo melhor. Ser um líder e um companheiro de equipe, às vezes significa fazer exatamente isso.

1

CAMPEÃO LEAL

Ele é o terceiro jogador na história da NBA com mais vitórias na carreira (1.001) e o único a conquistar todas elas com uma única franquia, o San Antonio Spurs.

2

QUANDO O JOGO É ARTE

Ele é chamado de *The Big Fundamental* por sua abordagem técnica ao jogo e seu domínio excepcional dos fundamentos do basquete. Shaquille O'Neal e Bill Russell frequentemente elogiavam seu talento extraordinário.

3

EM BOA COMPANHIA

Ele e Kareem Abdul-Jabbar são os únicos jogadores a encerrar suas carreiras com mais de 26.000 pontos, 15.000 rebotes e 3.000 bloqueios.

4 REBOTES PARA O SUCESSO

UM NERD DE CORAÇÃO

Tim adora jogos de RPG e videogames, especialmente *World of Warcraft*, *Call of Duty* e *Dungeons & Dragons*.

UM LAÇO ESPECIAL

Quando se aposentou, em 2016, o Spurs também aposentou seu número, o 21. Tim escolheu esse número em homenagem ao seu cunhado, que jogava basquete universitário usando o 21 e o introduziu ao esporte.

NÚMEROS IMPRESSIONANTES

Ele conquistou 5 títulos da NBA, foi eleito 2 vezes MVP da temporada regular e 3 vezes das finais, foi selecionado 15 vezes para o All-Star Game (sendo MVP em 2000), 10 vezes para o Primeiro Time da All-NBA e o 8 vezes para o Primeiro Time All-Defensive.

SENHOR DAS ESTATÍSTICAS

Nos playoffs, ele é:
1º em bloqueios totais (568);
2º em minutos totais (9.370);
2º em aparições (251);
3º em rebotes totais (2.859).

★ ☆ ★

GRÉCIA

GIANNĪS ANTETOKOUNMPO

O GIGANTE HUMILDE

NOME:
Giannīs Sina Ugo Antetokounmpo

APELIDOS:
Greek Freak (Fenômeno Grego), The Alphabet (Alfabeto)

DATA DE NASCIMENTO:
06 de dezembro de 1994

LOCAL DE NASCIMENTO:
Atenas, Grécia

TIMES:
Filathlitikos, Milwaukee Bucks

POSIÇÕES:
Ala-pivô, ala, pivô

Dia de jogo. Em pouco tempo, eu estaria jogando pelo Bucks, mas tinha algum tempo livre antes de ir para a arena, então decidi enviar algum dinheiro para minha família na Grécia. Após a transação, percebi que tinha um problema: não me restava dinheiro para pegar um táxi. E agora? Eu já conseguia imaginar o técnico me repreendendo. Bem, só havia uma coisa a fazer: correr até a arena! Eu não tinha pensado em quanta atenção chamaria. Não é todo dia que você vê um cara com mais de dois metros de altura, vestindo as cores do Bucks, correndo pela cidade! Com os pedestres olhando surpresos e a ideia do que o técnico diria se eu me atrasasse, continuei correndo sem parar. Depois de um tempo, um carro encostou na calçada e ouvi uma voz: "*Você é o novato do Bucks? Está indo para o Bradley Center para o jogo, certo? Entre, vamos te dar uma carona!*" Entrei, um pouco surpreso, e aquele casal gentil me levou até a arena a tempo. Joguei com todo meu coração naquela noite. Ainda havia um longo caminho para conquistar o título da NBA, mas eu não tinha medo de correr!

BUCKS
34
DALLAS
11

ANTETOKOUNMPO

Fenômeno absoluto

1 Um novo rei em quadra!

Em 2022, durante um jogo contra o Brooklyn Nets, ele marcou 44 pontos e se tornou o maior pontuador de todos os tempos do Milwaukee Bucks, alcançando 14.216 pontos e superando o lendário Kareem Abdul-Jabbar.

2 Uma família de campeões

Giannīs tem quatro irmãos. Thanasis joga ao lado dele no Bucks e Kostas jogou pelo Lakers. Os outros dois também se envolveram com o basquete. A Disney até fez um filme, chamado "*Rise*", sobre o sucesso dessa incrível família.

3 Um final espetacular

Nas finais de 2021, Giannīs marcou 50 pontos e pegou 14 rebotes no jogo decisivo, desempenhando um papel crucial na vitória. Com médias de 35,2 pontos, 13,2 rebotes e 5 assistências por jogo, ele foi eleito MVP das Finais e levou o Bucks ao primeiro título em 50 anos.

4 Fast food, arremessos rápidos

Quando chegou aos Estados Unidos, Giannīs adorou experimentar os lanches e comidas tradicionais do país. Ele é um grande fã de biscoitos Oreo e fast food. Após uma vitória em que marcou 50 pontos, ele comemorou pedindo 50 nuggets de frango, um para cada ponto!

5 Verdadeiro espírito esportivo

Durante uma entrevista, Giannīs explicou: "Não existe fracasso no esporte. Há dias bons, dias ruins. Alguns dias é sua vez, outros não. E é disso que o esporte se trata. Você nem sempre ganha... Mas voltaremos no próximo ano para tentar ser melhores."

CARACTERÍSTICAS DE UM CAMPEÃO

UM CAMINHO PARA A VITÓRIA

Campeão da NBA em 2021, foi eleito 2 vezes MVP da temporada regular, participou de 8 All-Star Games e foi MVP da Final de 2021. Além disso, esteve 6 vezes no Primeiro Time da All-NBA e 2 vezes no Segundo Time da All-NBA.

TALENTO SEM LIMITES

Suas habilidades com a bola são excepcionais, e seu jogo no garrafão é altamente eficiente, graças à sua força e agilidade. Ele se destaca tanto nas enterradas quanto nos rebotes, no ataque e na defesa. Um jogador versátil, capaz de atuar em todas as cinco posições.

4 REBOTES PARA O SUCESSO

UMA ACADEMIA, UM FUTURO

Junto com seus irmãos, fundou a *AntetokounBros Academy*, uma organização que ajuda jovens a realizarem seus sonhos por meio do esporte e da educação.

CONTE COMIGO

Ele é um dos três únicos jogadores na história da NBA a conquistar o MVP da temporada regular, o MVP das Finais e o prêmio de Jogador Defensivo do Ano, junto com Michael Jordan e Hakeem Olajuwon.

TRÊS TIMES, UMA PAIXÃO!

Desde pequeno, Giannis é fã de futebol, e seus times preferidos são Olympiacos, Arsenal e Inter.

RETRATO DE UM ATLETA

O apelido *Greek Freak* (Fenômeno Grego) combina sua origem grega com suas extraordinárias habilidades atléticas e físicas. Já o apelido *The Alphabet* (Alfabeto) faz referência ao comprimento de seu nome completo.

Estados Unidos

Wilt Chamberlain

Verdadeira lenda

Nome:
Wilton Norman Chamberlain

Apelido:
The Big Dipper (Ursa Maior)

Data de nascimento - falecimento:
21 de agosto de 1936 –
12 de outubro de 1999

Local de nascimento:
Philadelphia, EUA

Times:
Harlem Globetrotters,
Philadelphia Warriors,
S.F. Warriors,
Philadelphia 76ers,
L.A. Lakers

Posição:
Pivô

Não há vídeo do que aconteceu em 2 de março de 1962, na Pensilvânia; o basquete não recebia a mesma cobertura da mídia que recebe hoje. Mas existe uma foto, agora lendária, e um pedaço de papel com *"100"* escrito nele. Na súmula, havia tantos números na minha coluna que tiveram que pegar emprestado um pouco de espaço do jogador logo abaixo de mim! Ainda assim, na minha opinião, fiz arremessos demais, especialmente no último quarto, quando meus companheiros me incentivaram a alcançar os 100 pontos e me passavam a bola sempre que podiam. E, no final, *eu consegui*! Claro, na minha época a defesa não era tão agressiva, e o jogo era jogado de forma diferente, mas isso não importa... minha pontuação será lembrada para sempre. E isso é algo para se orgulhar!

1 **Uma vez, mas não duas!**
Durante um jogo contra o Philadelphia 76ers, em 1966, Gus Williams decidiu desafiar Wilt enterrando a bola sobre ele. Ele tentou novamente uma segunda vez, mas Wilt o bloqueou com uma mão só, derrubando-o no chão.

2 **Cuidado com a cabeça!**
Com 2,16 metros de altura e pesando 125 quilos, sua altura o obrigava a abaixar a cabeça toda vez que entrava em uma sala. Foi assim que seu apelido, *The Big Dipper*, nasceu.

3 **Mestre do impossível**
Wilt marcou pelo menos 50 pontos em 118 jogos, um recorde absoluto! Em um jogo contra os Celtics, ele pegou 55 rebotes. Durante a temporada de 1960-61, ele registrou uma média de 27,2 rebotes por jogo.

4 REBOTES PARA O SUCESSO

PONTUANDO, PONTUANDO E... PEGANDO REBOTES!

Entre os inúmeros prêmios que destacam suas habilidades em quadra estão 7 títulos de campeão de pontuação da NBA e 11 títulos de campeão de rebotes!

MAIS DO QUE APENAS ANÉIS

Wilt conquistou 2 títulos da NBA em 1967 e 1972, quando também foi eleito MVP das Finais. Na temporada regular, foi MVP 4 vezes, participou de 13 All-Star Games (foi MVP em 1960) e foi selecionado 7 vezes para o Primeiro Time da All-NBA.

NÚMERO DA SORTE: 13

O número 13 de Wilt foi aposentado por várias equipes: Philadelphia 76ers, Golden State Warriors (na época conhecidos como Philadelphia Warriors), L.A. Lakers e até pelo Harlem Globetrotters.

AINDA INVENCÍVEL

Em um jogo amistoso, após já estar aposentado, Wilt acabou jogando contra Magic Johnson. Mesmo com quase 50 anos, ele conseguiu bloquear vários arremessos de Magic!

SÉRVIA

Nikola Jokić

A estrela incomparável

NOME:
Nikola Jokić

APELIDO:
The Joker (Coringa)

DATA DE NASCIMENTO:
19 de fevereiro de 1995

LOCAL DE NASCIMENTO:
Sombor, Sérvia

TIMES:
Mega Vizura, Mega Basket, Denver Nuggets

POSIÇÃO:
Pivô

"O *trabalho está feito, agora podemos voltar para casa.*" Após meses de batalhas em quadra, o objetivo era claro: vencer. A temporada da NBA estava terminando, e todos os dias eu pensava em quando poderia voltar ao meu rancho em Sombor, na Sérvia, para estar com meus cavalos, longe de todo esse barulho. Eu estava a poucos arremessos da liberdade que tanto desejava. Mas as coisas estavam ficando difíceis, e estávamos jogando abaixo do nosso padrão habitual. Tudo parecia estar por um fio. Então, exatamente quando mais precisávamos, aquele momento que todo jogador sonha finalmente chegou. As jogadas foram impecáveis, os passes rápidos e os arremessos precisos: viramos o jogo, lutando até o último segundo. Naquele emocionante Jogo 5, marquei 28 pontos, 16 rebotes e 4 assistências. Quando o som do apito final ecoou pela arena, marcando o fim do jogo, a adrenalina e as emoções foram avassaladoras. Havíamos feito história, conquistando o primeiro título da NBA para o Denver! Depois de dar tudo de mim, eu finalmente estava livre para aproveitar um descanso mais do que merecido.

NUGGETS
15

Jokić

Fenômeno absoluto

1 O encantador de cavalos

Uma das maiores paixões de Jokić é por cavalos e corridas de cavalos. Ele até fez uma pausa no treinamento de basquete por alguns anos para se dedicar a esse hobby. Seu estábulo recebeu o nome de um de seus cavalos: *Dream Catcher*.

2 Intervalo do burrito!

O anúncio de sua seleção no draft aconteceu durante um comercial da *Taco Bell* para um novo burrito, o que não atraiu muita atenção. Para completar, Jokić perdeu o momento porque estava na Sérvia, dormindo profundamente por causa do fuso horário!

3 Menos redes sociais, mais basquete

Jokić é extremamente reservado e evita estar no centro das atenções. Ele leva um estilo de vida simples, bem diferente dos hábitos comuns das estrelas do basquete. Ele nem sequer usa redes sociais porque as considera "uma perda de tempo".

4 Glória no Guinness

Ele detém o recorde do triplo-duplo mais rápido da história da NBA, alcançado em apenas 14 minutos e 33 segundos, garantindo um lugar no *Guinness World Records*.

5 Eu vencerei todos

Durante os playoffs de 2023, Jokić estabeleceu o recorde de mais triplos-duplos em uma única pós-temporada, com um total de 10! Ele quebrou o recorde anterior de 7, estabelecido pelo lendário Wilt Chamberlain desde 1967.

CARACTERÍSTICAS DE UM CAMPEÃO

O HOMEM DO ANO DE 2023

Ele conquistou 1 título da NBA em 2023 (quando também foi eleito MVP das Finais), foi eleito 3 vezes MVP da temporada regular, participou de 6 All-Star Games e foi selecionado 4 vezes para o Primeiro Time da All-NBA.

UM GOSTO PELO... JOGO?

Apesar de seu amor por comida pouco saudável e sorvete, ele é incrivelmente ágil e tem um controle de bola excepcional. Jokić também se move como um armador, distribuindo assistências valiosas.

4 REBOTES PARA O SUCESSO

PONTOS PARA MIM, PONTOS PARA ELES

Em um jogo de playoff, Jokić marcou 53 pontos e distribuiu 11 assistências, o que levou seus companheiros de equipe a somarem mais 30 pontos, totalizando 78 pontos, o maior número já alcançado por um pivô em um único jogo na história da NBA.

TUDO EM UMA TEMPORADA!

Ele se tornou o primeiro jogador na história da NBA a registrar ao menos 2.000 pontos, 1.000 rebotes e 500 assistências em uma única temporada regular.

ORGULHO NACIONAL

A Sérvia o elegeu Jogador do Ano 3 vezes, e ele conquistou 1 bronze olímpico e 1 prata com a seleção nacional.

PARA OS FÃS

Enquanto jogava na Sérvia, durante um evento de equipe em Sremska Mitrovica, ele perdeu uma semana de treinamento e alguns jogos porque lesionou os tendões da mão... assinando autógrafos para seus jovens fãs!

ESTADOS UNIDOS

TRACY MCGRADY

CALMA E COMPOSTURA

NOME:
Tracy Lamar McGrady Jr.

APELIDO:
T-Mac, The Big Sleep (Grande Dorminhoco)

DATA DE NASCIMENTO:
24 de maio de 1979

LOCAL DE NASCIMENTO:
Bartow, EUA

TIMES:
Toronto Raptors, Orlando Magic, Houston Rockets, N.Y. Knicks, Detroit Pistons, Atlanta Hawks, Qingdao Eagles, San Antonio Spurs

POSIÇÕES:
ala-armador, ala

Quando penso nisso, percebo que já se passaram muitos anos desde aquele 9 de dezembro de 2004, quando salvei meu time, o Houston Rockets, em um jogo que já tinha sido dado como vitória dos nossos adversários, o San Antonio Spurs. Num piscar de olhos, estou de volta àquele momento. Era um jogo da temporada regular, com pouco mais de 40 segundos restantes, e eles estavam na frente por 76 a 71. Quase não havia tempo... Deveria tentar algo louco? Por que não? Não havia nada a perder... e então eu fui em frente! Consegui acertar três arremessos de três pontos consecutivos, depois marquei mais 4 pontos (uma cesta de três pontos e um lance livre), totalizando 13! Os fãs foram à loucura, e o San Antonio Spurs ficou em estado de choque. Eles perderam por 81 a 80! Que milagre!

1

ANÉIS? NÃO! ESTRELAS? SIM!

Embora nunca tenha conquistado um título da NBA, McGrady foi o campeão de pontuação da liga por dois anos consecutivos (2003-04) e foi selecionado 7 vezes para o All-Star Game.

2

QUE TAL UM REMIX?

Em 2002, durante o All-Star Game, McGrady recebeu um passe, avançou no contra-ataque, lançou a bola contra a tabela e... fez uma enterrada no ar! Esse movimento impressionante introduziu o Remix, uma jogada que muitos jogadores imitariam no futuro.

3

UMA FÚRIA EM QUADRA

Por duas temporadas consecutivas, McGrady teve uma média de mais de 30 pontos por jogo. Em sua primeira temporada com o Houston, ele manteve uma média de 25,7 pontos por jogo. Em 10 de março de 2004, marcou incríveis 62 pontos em uma partida contra o Washington Wizards, estabelecendo seu recorde pessoal.

4 REBOTES PARA O SUCESSO

EU ESTAVA COM SONO. E DAÍ?

Ele foi apelidado de *The Big Sleep* porque, certa vez, dormiu até momentos antes de uma partida começar, entrou casualmente em quadra e marcou... 41 pontos!

DA LINHA DE LANCE LIVRE AO DIAMANTE

Após se aposentar do basquete, McGrady jogou beisebol por um breve período em um time do Texas. Posteriormente, ele se juntou à ESPN como analista da NBA.

FORA DA QUADRA

Ele fundou a Tracy McGrady Foundation, uma organização de caridade destinada a ajudar crianças e famílias necessitadas, promovendo programas educacionais e assistência médica.

HABILIDADES SEM ESFORÇO

Jogava com facilidade e confiança, podia pontuar de qualquer lugar da quadra e se movia rapidamente, tornando até as jogadas mais difíceis algo que parecia simples.

BILL RUSSELL

O REI DA DEFESA

NOME:
William Felton Russell

APELIDOS:
Russ, The Secretary of Defense (O Secretário de Defesa)

DATA DE NASCIMENTO - FALECIMENTO:
12 de fevereiro de 1934 – 31 de julho de 2022

LOCAL DE NASCIMENTO:
Monroe, EUA

TIME:
Boston Celtics

POSIÇÃO:
Pivô

Celtics x Lakers, jogo final do campeonato. O placar mostrava 12 segundos restantes, e estávamos na frente, sim, mas apenas por um ponto. Nós sabíamos muito bem o que estava para acontecer: o Lakers teria que fazer falta para tentar recuperar a posse de bola e garantir a vitória. Eles não tinham dúvida sobre em quem mirar: eu! E sabe por quê? Naquela noite, e dói admitir isso, meus lances livres simplesmente não estavam entrando! Mas aquele era um momento crucial, e errar quase certamente significaria perder. Ainda assim, enquanto caminhava em direção à linha de lance livre, me senti estranhamente calmo. Tudo o que havia acontecido até aquele momento não importava mais. Era só eu, a bola e a chance de definir o desfecho do jogo. Era uma enorme responsabilidade, claro, mas também uma grande honra. Eu não me importava que o Lakers tivesse decidido fazer falta em mim; na verdade, vi isso como um sinal de respeito, como se eles soubessem que eu tinha a capacidade de selar o jogo, apesar de tudo. Respirei fundo, focando no movimento que havia praticado milhares de vezes na minha vida. Arremessei a bola com precisão perfeita e, quando ela passou pela rede, eu sabia que o jogo tinha acabado!

CELTICS
6

RUSSELL

Fenômeno absoluto!

1 Em constante evolução!

Embora tivesse uma estrutura física promissora, Bill teve dificuldade em entender o jogo e seus fundamentos durante o ensino médio. Foi necessário muito trabalho árduo para se tornar um campeão!

2 Você disse, novato?

Durante sua temporada de estreia, Bill registrou médias de 19,6 rebotes e 14,7 pontos por jogo. Ele desempenhou um papel crucial nos playoffs de 1957, levando o Celtics ao seu primeiro título da NBA.

3 Guardião do aro

Russell foi apelidado de "*Secretário de Defesa*" por suas habilidades defensivas extraordinárias. Ele é amplamente considerado um dos melhores defensores de todos os tempos, conhecido por bloquear arremessos e proteger o garrafão como poucos.

4 Uma questão de confiança

O técnico do Celtics, Red Auerbach, confiou em Bill desde o início. Ele viu que Bill não era apenas um defensor e reboteiro excepcional, mas também um líder nato. Os dois criaram uma forte amizade baseada no respeito mútuo e venceram 9 títulos juntos!

5 Ataque x Defesa

Em quadra, Bill Russell e o grande pontuador Wilt Chamberlain protagonizaram uma das rivalidades mais icônicas da história da NBA. Fora de quadra, no entanto, eram amigos. Após um comentário ríspido de Russell, os dois ficaram anos sem se falar, mas mais tarde se reconectaram e voltaram a ser amigos.

CARACTERÍSTICAS DE UM CAMPEÃO

PELO TIME

A abordagem de Russell ao basquete sempre priorizou as vitórias da equipe em vez do sucesso individual. Ele não se preocupava em marcar o máximo de pontos, mas focava em rebotes, passes brilhantes e na criação oportunidades para seus companheiros.

NINGUÉM COMO ELE

Russell venceu 11 campeonatos (um recorde histórico), foi eleito 5 vezes MVP da temporada regular, participou de 12 All-Star Games (sendo eleito MVP em 1963) e fez parte 3 vezes do Primeiro Time da All-NBA. Além disso, foi 4 vezes campeão de rebotes e conquistou uma medalha de ouro olímpica em 1956.

4 REBOTES PARA O SUCESSO

DUPLA FUNÇÃO

Em 1966, ele se tornou o técnico do Celtics enquanto ainda jogava pela equipe. Nessa dupla função, levou o time a dois títulos, um em 1968 e outro em 1969.

A TROCA PERFEITA

Russell foi selecionado pelo St. Louis Hawks em 1956 como a segunda escolha no draft. No entanto, Red Auerbach o queria a todo custo e trocou dois jogadores com o Hawks para consegui-lo, uma decisão que mudaria a história da NBA.

O BLOQUEIO INTELIGENTE

Seu estilo defensivo estava muito à frente de seu tempo: ele não apenas bloqueava os arremessos, mas também os direcionava para um companheiro de equipe, criando oportunidades fáceis de contra-ataque.

UM NÚMERO 6 PARA SEMPRE

Após seu falecimento em 2022, a NBA decidiu aposentar seu icônico número 6 em toda a liga, em reconhecimento à sua carreira notável.

TURQUIA

HEDO TÜRKOĞLU

O FINALIZADOR DESTEMIDO

NOME:
Hidayet Türkoğlu

APELIDOS:
Hido, Mr. 4th Quarter (Sr. do 4º Quarto)

DATA DE NASCIMENTO:
19 de março de 1979

LOCAL DE NASCIMENTO:
Istambul, Turquia

TIMES:
Efes Pilsen, Sacramento Kings, San Antonio Spurs, Orlando Magic, Toronto Raptors, Phoenix Suns, L.A. Clippers

POSIÇÃO:
Ala

Não sou muito de falar. Prefiro deixar minhas jogadas falarem por si. 27 de janeiro de 2008, meu Orlando Magic contra o Boston Celtics. O jogo estava perfeitamente equilibrado, 93 a 93, com apenas alguns segundos no cronômetro. Quando recebi a bola, fiz um movimento rápido para a esquerda, sendo marcado por dois defensores. Então, girei, voltando para trás. Pegos de surpresa, eles não conseguiram me alcançar, e eu rapidamente arremessei com um movimento suave! A bola entrou bem quando o cronômetro marcou zero. Fiquei tão tomado pela alegria que ri alto e até fiz uma dancinha boba enquanto meus companheiros corriam do banco em minha direção, com as mãos levantadas para o céu. É verdade o que dizem... Às vezes, palavras simplesmente não são necessárias.

1 Hambúrgueres e cestas decisivas

O apelido Hido vem de um menu do Burger King, criado em sua homenagem na Turquia. E *Mr. 4th Quarter* é uma referência à sua habilidade de brilhar nos momentos decisivos do jogo, frequentemente pontuando nos segundos finais.

2 O início da aventura

Hedo foi o primeiro jogador turco de basquete a ser selecionado por um time da NBA. Em 2000, ele foi selecionado como a 16ª escolha geral pelo Sacramento Kings, onde permaneceu por três temporadas.

3 Subindo de nível

Em 2008, enquanto jogava pelo Orlando Magic, ele ganhou o prêmio Most Improved Player (Jogador que Mais Evoluiu), entregue ao atleta que mais demonstrou evolução em relação à temporada anterior.

4 REBOTES PARA O SUCESSO

UMA TEMPORADA MÁGICA!

Na temporada 2007-2008, ele teve médias de 19,5 pontos, 5,7 rebotes e 5 assistências por jogo. O Orlando Magic conquistou o título da Divisão Sudeste pela primeira vez em 12 anos.

TRIUNFOS NAS QUADRAS

Hedo foi selecionado para o Segundo time de novatos da NBA em 2001, conquistou 1 título da liga turca em 1997, 2 Copas da Turquia em 1997 e 1998, 2 Copas Presidenciais, 2 medalhas de prata no EuroBasket de 2001 e no Campeonato Mundial de 2010.

SEGUINDO OS PASSOS DE HEDO

Em 2000, ele levou sua equipe, Efes Pilsen, à Final Four da Euroliga, com médias de 13,6 pontos, 4,6 rebotes e 2,7 assistências em 22 jogos.

AINDA NO JOGO

Em 2014, ele se aposentou de sua carreira profissional, mas não do basquete. Atualmente, é o presidente da Federação Turca de Basquete.

ITÁLIA

Dino Meneghin

Simplesmente icônico

NOME:
Dino Meneghin

APELIDO:
SuperDino

DATA DE NASCIMENTO:
18 de janeiro de 1950

LOCAL DE NASCIMENTO:
Alano di Piave, Itália

TIMES:
Pallacanestro Varese,
Olimpia Milano,
Pallacanestro Trieste

POSIÇÃO:
pivô

Era 2 de abril de 1987. Eu estava em quadra, com o destino do Olimpia Milano em minhas mãos. A dor no meu joelho era insuportável, mas continuei lembrando de que essa batalha era importante demais para desistir. Naquela noite, em Lausanne, o time e o técnico Dan Peterson confiavam na minha experiência para derrotar o Maccabi Tel Aviv, e eu estava determinado a não os decepcionar. Infelizmente, minha condição física me fez errar uma bandeja fácil, um erro que poderia ter sido desastroso. Mas eu joguei cada segundo como se fosse o último e nunca parei de lutar. Quando o árbitro apitou, o placar estava a nosso favor: 71 a 69! Eu ajudei a trazer para casa o troféu que estávamos perseguindo há anos. O Olimpia Milano finalmente havia conquistado o respeito que merecia! Senti a emoção da vitória, alcançada por meio de sacrifício e trabalho em equipe. Ao erguer meus braços para o céu, sabia que aquele era apenas o ponto alto de uma jornada que havia começado muito tempo antes.

Xacer
11

MENEGHIN

Fenômeno absoluto!

1 Carreira intemporal

Dino iniciou sua carreira na Série A aos 16 anos e se aposentou aos 44. Em 28 temporadas, jogou 836 partidas, marcando um total de 8.580 pontos. Ele chegou a disputar uma partida da liga contra seu próprio filho, Andrea.

2 De uma escolha ao legado

Seu número icônico, 11, foi aposentado pelo Olimpia Milano em 2019. Dino revelou que escolheu o número inicialmente porque era o único disponível, mas, com o tempo, ele se tornou muito importante para ele.

3 A visão de um campeão

Ao ser questionado sobre o melhor jogador de basquete de todos os tempos, Dino afirmou: "*Fico dividido entre Michael Jordan e Magic Johnson. Mas escolho Jordan pela facilidade com que fazia tudo. O melhor de todos os tempos, com todo o respeito aos outros.*"

4 Liderando o jogo

Após sua aposentadoria, Dino assumiu o cargo de gerente de equipe tanto no Olimpia Milano quanto na seleção nacional. Em 2009, tornou-se Presidente da Federação Italiana de Basquete, cargo que ocupou até 2013.

5 Muitas mudanças, um Dino!

Ao longo de sua longa carreira, sempre jogando como um campeão, Dino testemunhou muitas mudanças no basquete: a introdução do arremesso de 3 pontos nos anos 80, a violação de retorno de bola, o lance livre adicional após marcar em uma falta e muitas outras!

4 REBOTES PARA O SUCESSO

TRIPLA HOMENAGEM

Em 2003, ele foi incluído no Naismith Memorial Basketball Hall of Fame. Em 2006, no Hall da Fama do Basquete Italiano. Em 2010, no Hall da Fama da FIBA.

O RITUAL DA VITÓRIA

Dino declarou que, após vencer vários jogos seguidos, por superstição, comia as mesmas refeições, saía no mesmo horário e percorria o mesmo caminho até a quadra.

MELHOR JOGADOR = MENEGHIN

Um troféu chamado *Troféu Dino Meneghin* foi criado em sua homenagem, sendo entregue anualmente ao melhor jogador da liga italiana de basquete.

OPORTUNIDADE PERDIDA

Em 1970, ele foi selecionado pelo Atlanta Hawks, mas, devido a uma série de circunstâncias incomuns, nunca foi contatado pela equipe, e a chance de jogar na NBA escapou.

CARACTERÍSTICAS DE UM CAMPEÃO

DIFÍCIL DE ACREDITAR, MAS É VERDADE

Ele conquistou 12 títulos da liga (7 com o Varese e 5 com o Milano), 7 Taças dos Campeões (atual Euroliga), 4 Copas Intercontinentais, 2 Taças dos Vencedores de Taças Europeias, 6 Copas da Itália, 1 Copa Korac, 1 medalha de prata nas Olimpíadas de Moscou de 1980, 1 medalha de ouro e 2 de bronze nos Campeonatos Europeus.

VIGOR E ESPÍRITO ESPORTIVO

Dino jogava de forma intensa e com muito contato físico, mas sempre demonstrava respeito por seus adversários. Com excelente tempo de reação, belos movimentos ofensivos e defensivos, ele também se destacava como um reboteiro excepcional, sempre colocando o time em primeiro lugar.

LUKA DONČIĆ

O MAGO DE LIUBLIANA

NOME:
Luka Dončić

APELIDOS:
Luka Magic, Wonder Boy (Garoto Maravilha)

DATA DE NASCIMENTO:
28 de fevereiro de 1999

LOCAL DE NASCIMENTO:
Liubliana, Eslovênia

TIMES:
Real Madrid, Dallas Mavericks

POSIÇÕES:
ala-armador, armador, ala

Estávamos no coração de Nova York, em Manhattan, na chamada Meca do basquete, o Madison Square Garden. O jogo contra o Knicks prometia ser um espetáculo, do jeito que eu gosto, e a adrenalina de uma partida inesquecível preenchia o ar. E o primeiro quarto certamente foi! Com um drible rápido, me desvencilhei do defensor, me aproximando da linha de três pontos. Eu tinha uma jogada em mente, mas pelo canto do olho vi meu companheiro de equipe, Dwight Powell, cortando em direção à cesta. Sem pensar duas vezes, imediatamente fiz um passe sem olhar, por trás das costas. Powell pegou no ar e... bola dentro! A torcida explodiu em aplausos. Que noite mágica!

1 JOVEM PRODÍGIO

Dončić era tão talentoso que assinou um contrato de cinco anos com o Real Madrid quando tinha apenas 13 anos! Em 2018, ele venceu a Euroliga, sendo eleito MVP, além de ser eleito MVP da Final Four.

2 SIM, TUDO EM SEQUÊNCIA!

Em 2024, em uma partida contra o Pistons, ele estabeleceu o recorde de mais triplos-duplos consecutivos com pelo menos 30 pontos, um recorde que anteriormente pertencia a Russell Westbrook.

3 QUE TEMPORADA!

Dončić terminou a temporada 2023-24 com sua melhor atuação em pontuação em um único jogo: 73 pontos contra o Atlanta Hawks. Ele também foi o maior pontuador da temporada, com um total de 2.370 pontos.

4 REBOTES PARA O SUCESSO

MELHOR GAMER

Luka Dončić é um grande fã de videogames, especialmente *Overwatch 2*. Ele alcançou o nível Top 500 e publicou seu ranking nas redes sociais.

ENTRE OS EUA E A EUROPA

Ele foi selecionado 5 vezes para o All-Star Game e 5 vezes para o Primeiro Time da All-NBA, ganhou o prêmio de Novato do Ano em 2019, além de fazer parte do Primeiro Time de Novatos da All-NBA. Além disso, conquistou o EuroBasket com a Eslovênia em 2017.

TALENTO MULTILÍNGUE

Luka fala quatro idiomas diferentes: esloveno, sua língua materna, inglês, espanhol (aprendido durante seu tempo no Real Madrid) e sérvio, devido à herança de seu pai.

UM 7 NÃO É SUFICIENTE

Ele usa o número 77 em homenagem ao seu ídolo, o jogador grego Vassilis Spanoulis. Vassilis, na verdade, usava o número 7, mas como ele já estava ocupado quando Luka chegou à NBA, ele escolheu o 77.

ÍNDICE